河津窑磁枕

河津市文物保护服务中心
山西省考古研究院　编著
西汉南越王博物馆

科学出版社
北京

图书在版编目（CIP）数据

河津窑磁枕 / 河津市文物保护服务中心，山西省考古研究院，西汉南越王博物馆编著. -- 北京：科学出版社，2020.6
ISBN 978-7-03-065114-3

Ⅰ.①河… Ⅱ.①河…②山…③西… Ⅲ.①古代陶瓷-河津-辽宋金元时代-图集 Ⅳ.①K876.32

中国版本图书馆CIP数据核字（2020）第081378号

封面题字：孟耀虎
责任编辑：张亚娜　周　䶮 / 责任校对：邹慧卿
责任印制：肖　兴 / 书籍设计：北京美光设计制版有限公司

编委会

主　编

孟耀虎

副主编

张金龙　贾　尧　何东红

科 学 出 版 社 出版
北京东黄城根北街16号
邮政编码：100717
http://www.sciencep.com

北京华联印刷有限公司 印刷
科学出版社发行　各地新华书店经销

*

2020年6月第 一 版　开本：889×1194　1/16
2020年6月第一次印刷　印张：13 1/2
字数：243 000

定价：268.00元

（如有印装质量问题，我社负责调换）

序

　　山西是我国名副其实的文物大省，全国重点文物保护单位数量排名第一，现存地上文物数量高居全国首位。山西也是古代窑业发达地区，瓷窑遗址数量众多，见于史书记载的就有30多个县烧制瓷器，比较著名的窑口有唐代泽州窑、浑源窑，宋金时期河津窑、介休窑、长治窑、大同窑、怀仁窑、榆次窑、平定窑，元代霍州窑等。北朝釉陶、宋金三彩、仿定白瓷、剔刻花黑瓷和白地黑花瓷器，元明琉璃及法花等，在中国陶瓷史上均占有重要的地位。2016年山西省考古研究所在河津市固镇村发掘的河津窑，由于获得一组保存较好的宋金窑炉和制瓷作坊，出土一批可以复原的陶瓷器和窑具，曾荣获"2016年度全国十大考古新发现"的殊荣。河津窑的发现以及继之而后的全面调查，使得这里的烧瓷面貌渐渐清晰起来，实在是值得庆贺的。通过中国古陶瓷学会2019年河津窑年会的召开，我们得以了解到河津瓷业生产的总体布局和烧制年代。北宋时期的北午芹、古垛、固镇三地都已经设窑烧瓷，其中的细质白瓷达到了较高的艺术水平。金代固镇窑址的发现，更是填补了陶瓷史的空白，为我们探讨宋金时期河津窑的制瓷水平及其窑业间的技术交流，提供了极其重要的实物资料。正是得益于这些考古成果，一批国内外收藏，包括故宫博物院藏乾隆题诗枕在内过去被笼统定为晋南窑口的瓷器，现在可以明确为河津窑所烧制。一度被历史长河湮没无闻的河津窑，如今被重新认识并焕发出耀眼的光芒，成为河津市一张靓丽的文化名片。

　　河津窑具有文人气韵的书法枕、三彩剔花填黑枕、白釉珍珠地划花和剔刻花枕等，制作工艺精湛，地域特色鲜明，成为河津窑匠心独运、冠绝群伦的艺术佳作。其中高温长方八角枕，有的长达近五十厘米，令人震撼；枕面装饰采用剔刻、印花、划花、填彩、绘花、开光等多种手法；纹饰以花草、人物、动物、诗文书法为主。高温扁圆形枕也是形制各异，有的近乎圆形；北京故宫博物院收藏的乾隆皇帝御题诗文者便是其杰出代表；低温八角形、六角形、曲体长方形、豆形、豆式曲体形、方体元宝形枕的枕墙多数有锦地印纹，枕面装饰手法更是异彩纷呈，色彩绚丽。枕面分区、壸门开光、填黑彩以及白色化妆土书写诗文等表现手法，是河津窑瓷枕点睛之笔，给人以独特的艺术冲击力。

　　河津窑陶瓷枕形制多样、装饰新颖，它所承载的文化信息量十分丰富，将是我们今后所要努力思考和深入探讨的课题。谨以此祝贺《河津窑磁枕》的出版。

中国古陶瓷学会会长 孙新民

2020年1月

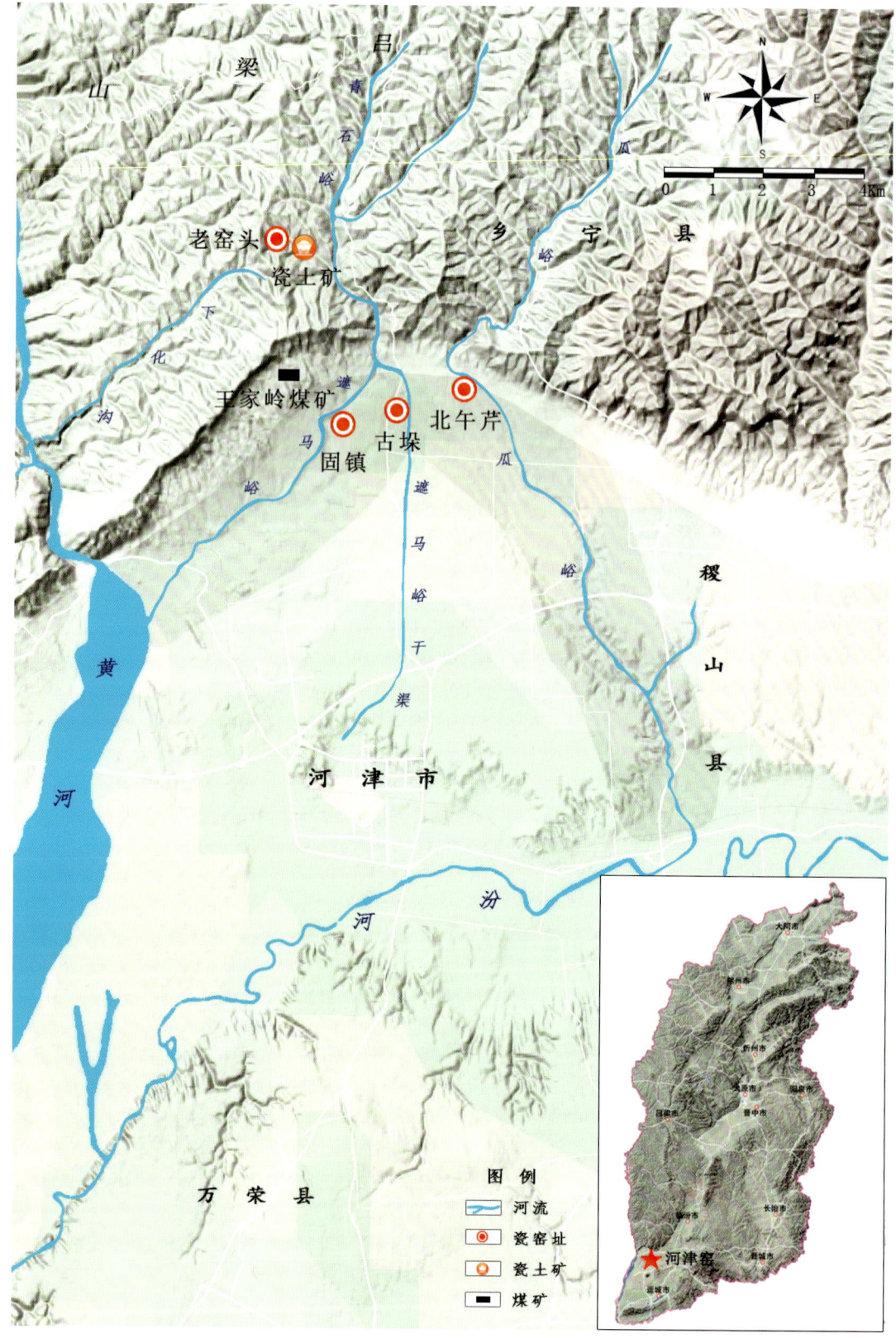

河津窑是晋南地区宋金时期重要的烧瓷窑场之一，窑址集中分布于吕梁山南麓、遮马峪沿线，该区域富集的煤炭和瓷土资源，为瓷窑的生产提供了充足的燃料和原料。在全国第三次文物普查中，发现北午芹、古垛、固镇和老窑头四处瓷窑址，通过2018年山西省考古研究所对该区域的系统调查，共确认古瓷窑址八处，瓷土矿七处。

2016年3月至9月，山西省考古研究所、河津市文物局对固镇瓷窑址进行抢救性发掘。发掘工作分北涧疙瘩、上八亩和下八亩三个地点，清理宋金时期制瓷作坊4座、瓷窑炉4座、水井1处以及窑炉残渣及废品堆积坑35个。

在北涧疙瘩地点发现北宋时期制瓷作坊及瓷窑炉各1座,烧造产品主要为精细白瓷。(图:北涧疙瘩地点三号作坊、Y1三维数字模型)

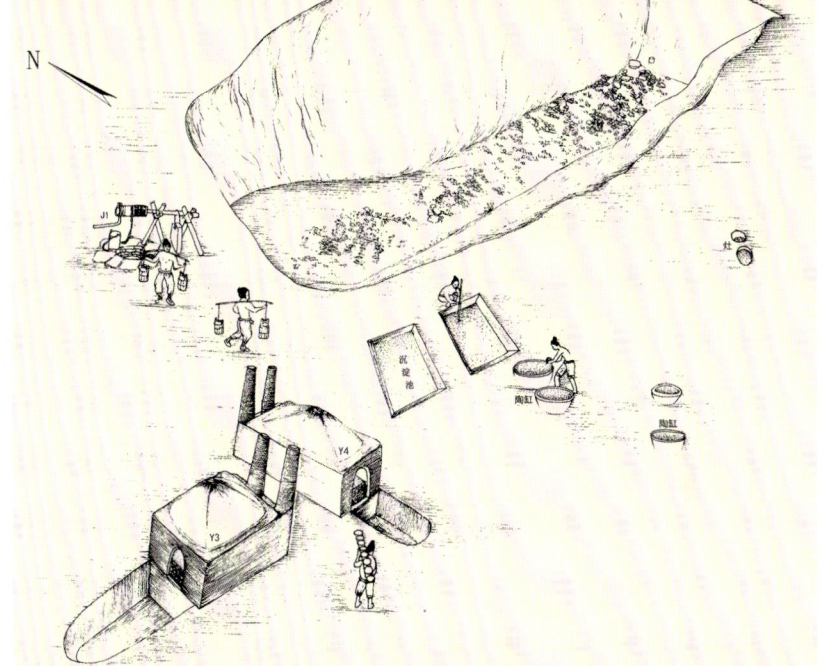

固镇瓷窑址金代遗存主要分布在上八亩、下八亩两个地点。下八亩地点清理制瓷作坊1座，瓷窑炉2座，水井1处，作坊内残存沉淀池、陶缸等坯料制备的相关遗存。（上图：下八亩发掘区；中图：一号作坊、Y3及Y4复原图；下图：一号作坊陶缸）

河津窑磁枕

四号作坊　　二号作坊

上八亩地点发现制瓷作坊2座及瓷窑炉1座。其中的四号作坊为一座废弃的窑洞式作坊,河津窑金代最富特色的装饰瓷枕主要出于该作坊内的废弃堆积中。(上图:上八亩发掘区;下图:四号作坊三维剖视图)

目 录

序 …………………………………………………………………… 孙新民 | i

磁枕治埴与流变——也谈河津窑磁枕 ……………………………… 孟耀虎 | 001
河津窑金代装饰瓷枕概述 ………………………… 贾 尧 王晓毅 高振华 | 012
西汉南越王博物馆藏河津固镇瓷窑址瓷枕考 ……………………… 何东红 | 034
古陶瓷枕杂记 ………………………………………………………… 张玉文 | 045

金	白地剔花填黑荷花纹八角形枕	066
金	白地八角形枕	068
金	白地褐彩八角形枕	069
金	白瓷珍珠地刻划牡丹纹扁圆形枕	070
金	白地褐彩八角形枕	071
金	白地褐彩折枝花叶纹扁圆形枕	072
金	三彩剔花叶纹六角形枕	074
金	白地剔花填黑牡丹纹八角形枕	076
金	白瓷珍珠地划牡丹纹扁圆形枕	078
金	白地剔花填黑诗文八角形枕枕面残片	079
金	白地黑画花开光诗文八角形枕枕面残片	080
金	剔地填黑书白彩诗文八角形枕枕面残片	081
金	白地黑画花开光诗文八角形枕枕面残片	082
金	白地黑画花开光诗文八角形枕枕面残片	083
金	白地剔花填黑牡丹纹八角形枕	084
金	白瓷珍珠地划花叶纹扁圆形枕	086
金	白地剔花填黑折枝牡丹纹八角形枕	088
金	白地剔花填黑缠枝牡丹纹八角形枕	090

金	白瓷珍珠地划牡丹纹八角形枕	092
金	白地剔花填黑开光诗文扁圆形枕	093
金	白瓷黑花诗文扁圆形枕	094
金	白瓷划花珍珠地圆形枕	096
金	白地剔花填黑彩八角形枕	098
金	白瓷珍珠地牡丹纹开光诗文枕	100
金	三彩开光荷莲纹元宝形枕	102
金	三彩开光荷莲纹元宝形枕	104
金	三彩剔花黑地折枝花卉纹腰形枕	106
金	白瓷牡丹纹开光扁圆形枕	108
金	三彩黑地剔花荷莲双鸭纹六角形枕	109
金	白地剔花填黑诗文八角形枕	110
金	白地剔花填黑婴戏纹八角形枕	112
金	白地剔花填黑牡丹纹八角形枕	114
金	白地剔花填黑荷花纹八角形枕	116
金	白地剔花填黑荷花纹八角形枕	118
金	白地剔花填黑"福"鹿纹八角形枕	120
金	白地剔花填黑狮子戏球纹八角形枕	121
金	白地剔花填黑持荷娃娃纹八角形枕	122
金	白地剔花填黑婴孩纹八角形枕	124
金	白地剔花填黑持荷娃娃纹八角形枕	126
金	白地剔花填黑诗文八角形枕	128
金	白地黑褐彩开光诗文八角形枕	130
金	白地剔花填黑荷花纹八角形枕	132
金	白地剔花填黑鸳鸯纹八角形枕	134

金	白地黑彩开光诗文八角形枕	136
金	白瓷珍珠地划牡丹纹扁圆形枕	138
金	白瓷珍珠地划莲花纹扁圆形枕	139
金	白瓷珍珠地划折枝牡丹纹扁圆形枕	140
金	白瓷珍珠地划折枝牡丹纹扁圆形枕	142
金	三彩剔花卉纹长方形枕	144
金	三彩剔花黑地诗文六角形枕	146
金	绿釉剔花黑地人鱼纹六角形枕	148
金	三彩剔花黑地婴孩纹异式腰形枕	150
金	三彩剔花黑地婴孩纹异式腰形枕	152
金	三彩剔花黑地虎纹异式腰形枕	154
金	三彩剔花黑地划波浪鱼纹异式腰形枕	156
金	三彩剔花黑地花鸟纹异式腰形枕	158
金	三彩剔刻荷花纹六角形枕	159
金	三彩剔花黑地莲花纹异式腰形枕	160
金	三彩剔花黑地荷花纹异式腰形枕	162
金	三彩剔花黑地莲花纹六角形枕	163
金	三彩剔花黑地"福禄封侯"纹异式腰形枕	164
金	白瓷珍珠地划花开光诗文扁圆形枕	166
金	三彩狮子滚绣球图六角形枕	168
金	白瓷珍珠地划花卉纹扁圆形枕	170
金	白瓷珍珠地划花卉纹扁圆形枕	172
金	白瓷珍珠地划花卉纹扁圆形枕	174
金	白瓷珍珠地划牡丹纹扁圆形枕	176
金	白地剔花填黑诗文八角形枕	178

金	黄釉剔划花卉纹元宝形枕	180
金	三彩剔花黑地瑞鹿衔草纹异式腰形枕	181
金	三彩剔花黑地婴戏莲纹六角形枕	182
金	白地剔花填黑诗文八角形枕	184
金	白地剔花童子鞠球纹八角形枕	186
金	白地刻划"黄河诗"草叶纹八角形枕	187
金	白地剔花填黑水草荷莲纹八角形枕	188
金	三彩剔花黑地婴孩纹六角形枕	189
金	白地剔花填黑狮子卧莲纹八角形枕	190
金	三彩剔花黑地童子戏莲纹异式腰形枕	191
金	白地剔花填黑草叶纹扁圆形枕	192
金	三彩剔花黑地孔雀牡丹纹异式腰形枕	193
金	三彩剔花黑地执荷娃娃纹异式腰形枕	194
金	白瓷珍珠地划牡丹纹扁圆形枕	195
金	白瓷珍珠地划花八角形"福德人枕"	196
金	白瓷珍珠地划花扁圆形枕	198
金	白地剔花填黑双孩儿纹八角形枕	200
金	白瓷珍珠地划牡丹纹八角形枕	202

后记 ································· 张金龙 | 203

磁枕滥觞与流变

——也谈河津窑磁枕

孟耀虎

（山西博物院）

一

磁枕之出现[1]，目前考古资料显示大体在唐代。最初的形体不大，以低温的器物出现。有隋代说，还不得确证。隋代之说者，显系使用了张盛墓的一则资料。在张盛墓的随葬器物中有一组瓷质明器，其中一件标示为枕[2]。此物长3.9、宽2.3、高2.4厘米，或有迷惑，笔者疑心是"镇"之误，因为它实在是很小。但它又似后来之磁枕，他人释为枕也未尝不可，以后考古发现隋代有磁枕也是有可能的。有如广东肇庆东汉墓中早年出土的绞胎陶耳杯[3]，资料是刊登于正式出版物的，陶瓷学界一直不了解，谈到绞胎时都以唐初的资料说事，"绞胎陶器最早出现于唐"，已然差了几个世纪。不难理解，在广州这个西汉时对外交流就已经很发达的地区，出现这种仿外来绞色玻璃的陶器，是顺理成章的事。

关于磁枕出现及其功用，笔者在《磁枕玄珠》一书中作过详读[4]。民间一直以来认为磁枕是死人的随葬品，用于死人枕头，显然不妥。这和我们所见流行于宋金元的磁枕不见流传而仅出土于墓葬有关，和明代屠隆、高濂、文震亨之辈互相抄袭而不明古时究竟不无干系。如明代屠隆《考槃馀事·起居器服笺·枕》："旧窑枕，长二尺五寸，阔六寸者可用。长一尺者，谓之尸枕，乃古墓中物，虽宋磁、白定，亦不可用。"[5] "明末五子"之一的异才屠隆，对宋金磁枕并不得深入了解，才有此偏颇认识，他人同样迷茫。经科学发掘并为博物馆收藏、展出和研究的是1919年河北钜鹿古城的磁枕。河北第一博物院在其主编的半月刊上对这批出土磁枕陆续做了说明："枕乃民国八年巨鹿县城内出土。宋大观二年（1108年）河决是埋覆之物……掘出甚多，均在当时的住室内……或谓此种枕面巨足细，不适于用。然钜鹿人云：'所掘旧城废舍，室中多有如今北方之炕，炕之外缘，以木为之，高于炕面，枕时必系以枕足之后部抵于木缘，则枕可稳，不致向后方及左右倾侧。'其说颇可信。"[6]钜鹿人之说，是非尸枕的合理诠释，并非磁枕使用之全部。

我们熟知的磁枕在唐代应运而生。三彩、绞胎技法制成的箱形小陶枕，是目前所知

图1　北宋　白瓷珍珠地剔划花长方形枕
故宫博物院藏

图2　北宋　白瓷珍珠地剔划花长方形枕
长21.6厘米
不列颠博物馆藏

最早的陶枕。8世纪早中期，可能是它的兴盛期。烧制三彩、绞胎器物的窑址在河南巩义市的大、小黄冶村已经发现[7]，早期小型三彩陶枕可能就产在这里。早期的磁枕形态都比较小，呈扁方的形态，人们习称为"脉枕"。"那么，作各种考虑，并加以分类，大致可以得出以下五种可能。第一，是随葬用的模型明器；第二，是腕枕；第三，是脉枕；第四，是袖枕；第五，是颈枕。"[8]这五种箱形枕可能的用途，是已故日本著名陶瓷考古学家三上次男的推测，至于以其中何种用途为主，无有确证。作为明器，需要有足够的旁证资料，仰或"脉枕"，终究也是推测。

约唐代晚期，出现一种略高大的箱形枕，枕面弧凹，边角修整圆滑[9]，作为卧枕的功能增大，为以后多样的陶瓷枕开创了先例，是我国陶瓷史上的一大突破。三彩、白瓷、黑瓷、青瓷都有这类枕头。同时，以兽身为座支撑一个枕面的兽形枕也比较流行，这种作为枕座的兽形有狮、虎、犀牛、兔等多种，为以后宋元时期大量的兽身枕开创了先河。邢窑的白瓷枕、寿州窑的黑瓷枕、泽州窑的水清釉枕，都是单色釉枕的杰出代表。耀州黄堡窑作坊遗址内出土的三彩犀牛枕[10]、长沙铜官窑窑址出土的虎枕[11]、浑源窑狮兽类贴面绞胎的陶枕[12]、浙江宁波出土的越窑绞胎花纹虎座脉枕[13]，以及河南巩义的大、小黄冶窑[14]烧造的更多种类兽座枕，都是一种新生的现象。相类的发现还有很多，由此可知，兽座枕及其他枕，自唐晚期起，烧造已遍及华南、华北及全国。

形成于唐并成熟于晚唐以后的使用磁枕的习惯，延续至五代一直流行，甚而在两宋、金时期达到空前的兴盛和发达。生产地区广泛，窑口众多，尤以华北一带为最，烧造出了形形色色具有特色的磁枕。北方的定窑、磁州窑、井陉窑、耀州窑、登封窑、禹州窑、当阳峪窑、密县窑、临汝窑、宝丰窑、新安窑、鹤壁窑、介休窑、交城窑、河津窑、长治窑、浑源窑、榆次窑、平定窑、霍州窑、平阳窑、淄博窑等，南方的长沙窑、越窑、景德镇窑、吉州窑以及岭南的潮州窑等都烧造磁枕。就常理推测，略有规模的窑

图3　北宋　白瓷珍珠地划花"长命枕一只"如意形枕
故宫博物院藏

图4　金　白地黑花"招财利市"八角枕
故宫博物院藏

图5　金　白地黑花"镇宅"狮纹八角枕
故宫博物院藏

厂就可能烧造当时民间大量需求的磁枕，一些不明窑口但能够将其限定于某个区域的器物也可以说明磁枕烧造的广泛。

这时的磁枕，最大的变化是形体向大型化发展，造型主要还是来自早期的箱形和象生系统两大类，但式样却大大增加，新出现了以建筑物为座的瓷枕。

箱形枕，中空，如箱状，箱体或半圆、扁圆、长圆等不一而设，或长方、正方、梯形以及多边体。制作方法大体可以分三种：圆形箱体素身者以拉坯的形式制作出筒状枕身，再按不同要求修整形式，最后黏合枕面、枕底；圆形箱枕身印花者则需要几块范模分别制出带花纹片，而后粘接到一起，再黏合枕面、枕底。扁圆形中腰接胎者，体现了一定的地域性。就目前所知，采用这类手法接胎者以晋东南、冀西南、豫东北一带为常见。方形枕则要切整出泥片，而后粘连在一起，合面、底；有花纹者则需要在范模上印出花纹再行黏合，上枕面、枕底。箱形枕再加以细致分类，又可显现大小不一的多种式样：①长方形、长方出沿形、弧边长方扇形、元宝形、束腰形（又称亚腰形）；②圆角长方形、椭圆形、圆形、腰形、豆形；③花瓣形（又称云头形）；④如意形；⑤叶形（又称桃实形）；⑥多边形（六边、八边）。箱形枕在制作时都戳有气孔，或在枕侧，或近底部，较讲究者为保持枕身的洁净美观则在枕底戳出气孔，定窑、井陉窑、平定窑和榆次窑等定系工艺产品，这种枕底部置设的气孔往往为两个。

象生枕也同样有多种形式：①兽形枕，包括虎形、狮形、兔形、龙形、象形等；②童子形、卧女形；③人兽组合形。象生枕的象生部分，主要以范模翻印，范模的块数依象生物的繁易而定，有时也辅以手工捏塑，有面、底者需再行粘接。气孔的设置很巧

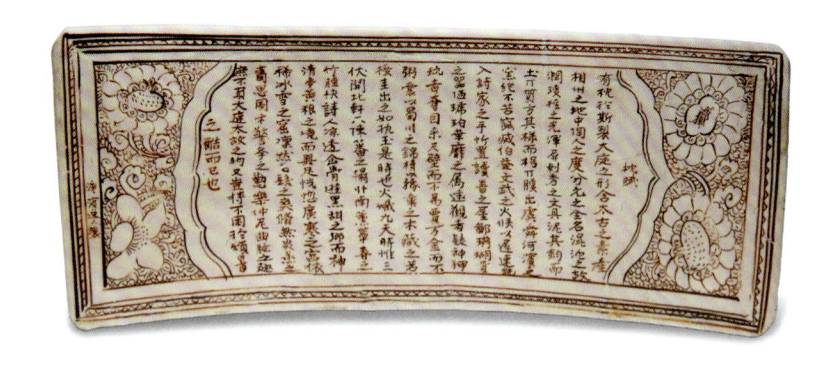

图6 元 白地黑花"枕赋"铭长方形枕
长42、宽15.7、高14.4厘米
西汉南越王墓博物馆藏

妙，一般以鼻孔、嘴角或一些不明显的地方戳出。箱形枕和象生枕的枕面和枕身一般都是粘接而成，所以在制作时枕面内侧的边缘都要经过篦划，以确保面、身粘接的牢靠，这种现象从窑址标本和墓葬出土残器都能得到证明。

这个时期的箱形磁枕，最为引人注目的是装饰技法的多样化和纹饰的丰富多彩。在制磁技术日益提高、人文思想至臻成熟的历史背景下，磁枕被赋予了实用与精神层面的双重价值。磁枕中，有细胎、粗胎与高温、低温之别。尤以施化妆土后罩透明釉的白枕为最多，也有青釉、褐釉、黑釉、绿釉、黄釉等单色釉及三彩釉者。装饰主要在枕面和枕墙，首先对釉下胎体绘画、模印、刺轧、线划、剔刻等，然后再依需要施以不同釉水；在枕底素胎上也偶见有毛笔墨绘的花鸟纹饰或者记事墨书。釉上施彩的磁枕在这时期也出现了。

体现磁枕最为发达、最具魅力的一面，当数缤纷争妍的纹饰。它以树木、花卉、草叶、忍冬等植物纹以及联珠纹、珍珠地纹、联续雷纹、篦纹、云气等几何纹样为多，以折枝、缠枝、带状、填地、补白等形式表现。人物故事、童子、动物、花鸟、鱼水、藻类、禽兽也较常见。楼台栅栏、居室家具一类较为少见，包涵了重要历史信息。斑石所书黑色或褐色的诗文枕和单线或双线勾划的装饰文字枕，或抒情，或祈福，或警人，别有风味，极富文人情趣。纹饰的表达常常以组合的形式出现，锦上添花，赏心悦目。纹饰或粗糙蹩脚，或则栩栩如生，推测分别出于初学的孩童和熟练的艺人。诗书画之于陶瓷器，使用最多的就是磁枕，从一些研究者的著作中便可得到证明[15]。这些书画作品、精美之作，或有可能就出自当时书法家和画家之手。

14世纪初、中期的元代，磁枕已经出现衰落的迹象，从不多的纪年器物中可以看出其端倪。釉水和胎质都比较粗糙，枕身多半无釉[16]。即或器身为满釉，胎质、釉水、制作技巧已不复以前。由纪年资料推测，元代质量尚好的诸如磁州窑大量的绘画繁琐的黑或褐彩瓷枕，可能烧造时间都在14世纪早期或以前。

至14世纪晚期以后的明代，风改俗易，磁枕形态变得单调，发达、繁荣时期的实用功能已经不再显著，更重要的精神追求已荡然无存。高濂《遵生八笺》记："石枕，枕制不一，即石枕虽宋磁白定居多。有尸枕亦旧窑者，长可一尺，古墓中得之，甚不可用。有特烧为枕者，长可二尺五寸，阔七寸者；有青东磁锦上花者；有划花定者；有孩儿捧荷偃卧用花卷叶为枕者。此制惊绝，皆余所目击，南方一时不可得也。"[17]高濂说的"石枕"和"即石枕虽宋磁白定居多"让人感觉混淆不清。后面所列举者或是明代以前的传世之物，当时已不多见，难怪高濂有"此制惊绝"的认识。文震亨的《长物志》："有旧窑器，长二六寸者可用，长一尺者谓之尸枕，乃墓中之物，不可用。"[18]也以枕的尺寸定枕性质，同样不解明代以前磁枕的社会功用，妄加臆断。清代一袭明代实际，有些元宝形、长条束腰形枕之类。在河北磁州一带，姑娘出嫁时，娘家会陪嫁一对瓷猫或弓背形男、女孩童枕，以图吉祥，作婚后镇宅摆设[19]，这或许是古时习俗的孑遗。宋金时期磁枕最为显著的社会功用是实用与玩赏镇宅。

二

磁枕硬又凉，人人明白，古今未变。它的使用时间应当是夏天炎热时候，而在磁枕最为兴盛、发达时的五代、宋、金、元时期的北方地区，一年当中多数时间并不需要使用它，只有炎热难当的暑天使用才会觉得舒服。宋代的几则记载，颇具说服力。

纸屏瓦枕竹方床，手倦抛书午梦长，睡起茫然成独笑，数声渔笛在沧浪。[20]

午起行：细藤簟展波纹绿，瓦枕竹床殊不俗，白日寥寥午眠热，起来更觉精神足。万缘寂静数瓯茶，半偈消磨棋一局，此间真味有余清，未羡纷纷厌粱肉。[21]

宋庆历中……一日午睡，有鼠走而前，以所枕瓦枕击之，鼠走而枕破……[22]

久夏天难暮，纱幮正午时；忘机堪昼寝，一枕最幽宜。[23]

这是磁枕有明确使用时间的文献记载，都记述为午间所用。夏天炎热的中午以外，一年当中其他更多的时间陶瓷枕在起什么作用呢？成熟、发达时期的磁枕起着一种玩赏镇宅的作用，它自然成俗，为社会所追捧，在我国的历史上延续了几百年，灿烂辉煌、出尽风头。由此，便不难理解宋元墓葬中为何大量随葬磁枕，那是生者美好愿望的延续，是时风世俗。

图7　金　白瓷填黑牡丹纹八角形枕
旧金山亚洲艺术博物馆藏

图8　金　白瓷剔地填黑八角形诗文枕
明尼阿波利斯艺术博物馆藏

图9　金　白瓷填黑彩牡丹纹八角形枕
长46.3、宽20.6、高11.2厘米
东京国立博物馆藏

图10　金　白瓷填黑彩牡丹纹八角形枕
长46.6、宽18.9厘米
出光美术馆藏

磁枕成熟和发达时期的社会功用，磁枕本身就有表白。有自书为"镇宅"、"大吉"、"长命枕"、"招财利市"及"家国永安"者。首都博物馆收藏一件自铭"珍玩"瓷枕，枕面边部刻画有诗文，落款为"隆兴纪元春二月，张冲珍玩"[24]。更多的陶瓷枕，形形色色、千姿百态，正是以雅玩的姿态出现在当时，雅成大风、雅出时代。收藏于西汉南越王博物馆的一件"枕赋"文字枕，著录出版时定为北宋，依笔者意见，界定在元代可能更为妥当。器物为长方形白地黑花赋文枕，枕面开光内文字达262个，资料十分重要，似乎磁枕已经成为怀旧的对象，作者为长赋而感怀。

枕赋：有枕于斯，制大庭之形，含太古之素，产相州之地，中陶人之度，分元之全，名混沌之故，润琼径（瑶）之光浑（辉），屏刺秀（绣）之文具。泥其钧而土其质，方其样而桴其腹。出虞舜河滨之窑，绝不苦窳；灭伯益文武之火，候以迟速。既入诗家之手，忻（欣）置读书之屋，鄙珊瑚富贵之器，陋琥珀华靡之属。远观者疑（凝）神，押玩者夺目。来尺壁（璧）而不易，贾万金而不鬻（鬻）。囊以蜀川之锦，椟以豫章之木。藏之若授圭，出之如执玉。是时也，火炽九天，时惟三伏。开北轩下陈蕃之榻，卧南薰簟春之竹。睡快诗人，凉透仙骨。游黑甜之乡而神清，梦黄粮（粱）之境而兴足。恍惚广寒之宫，依稀冰雪之窟。凛然石发之爽，悠然炎蒸之萧，思圆木警学之勤，乐仲尼曲肱之趣。庶不负大庭太故（古）之物，又岂持（特）不因于烦暑之酷而已也。[25]

宋李仲蒙说："叙物以言情谓之赋，情物尽也。"[26] 此枕以赋"直书其事，言情至深"，俨然是对磁枕艺术高度的哲学概括。唯有磁枕，在历史上有实用之外的镇宅、把玩之功能。磁质酒具、茶具、香具固然有它实用以外精神层面的赋予与表达，而当我们重新审视磁枕，从美学甚或更高的艺术哲学角度回顾它的过去时你便发现，它朴实与华丽并存、实用和精神与共，其所承载的文化乃至高贵的灵魂，无有出其右者。

磁枕因为人文社会的追捧而发达，也因为时代的变迁、习俗的改变而衰落。

图11　金　三彩牡丹纹元宝形枕
长25.2、宽11.2、高8.8厘米
东京国立博物馆藏

图12　金　三彩童子牡丹纹六角形枕
长37、宽15.5、高9.7厘米
京都国立博物馆藏

图13　金　三彩花鸟纹六角形枕
长33.9、宽15.1厘米
出光美术馆藏

图14　金　三彩束莲纹六角形枕
长32.1、宽14.2、高9.5厘米
静嘉堂文库美术馆藏

三

山西河津固镇宋金瓷窑址入选"2016年度全国十大考古新发现",具有重要意义。就山西陶瓷考古来讲更是重如珪璧,对促进山西古陶瓷研究、提升陶瓷手工业之间文化内涵的探讨有十分重要的价值[27]。

河津窑发现的三处北宋窑址都遭到严重破坏,这些窑场曾经烧造磁枕可能不会有太大疑问,只是这种信息我们并未掌握。本书所谓的河津窑磁枕,主要指的金代部分,或者哪天,当我们认识当地北宋窑场磁枕的时候,河津窑磁枕将会得到更好的诠释。

目前所知河津近临的乡宁县有土疙堆和土疙瘩两处窑址。山西省考古研究所调查资料确认土疙堆为金代,早前文物普查时土疙瘩被确认为金元。类似土疙瘩窑址的资料很少,事实上等于对这处窑场的认知是有局限的。就土疙堆而言,调查资料中发现有高温的瓷枕,扁圆形、壸门开光、刻划花、珍珠地,甚至底部黏附大量化妆土、釉水的特征与固镇者如出一辙。标本并非单例,不能否认乡宁土疙堆生产和河津固镇同样的瓷枕。土疙堆窑也即以前山西磁窑所指西坡窑,距固镇窑场直线距离仅约8千米,两地窑场属于同一个陶瓷区系。河津北午芹与樊村刘家院,也采集有开光、珍珠地装饰的扁圆形枕标本,单一的资料,并不能显示它们烧造固镇类磁枕[28]。

固镇窑址出土的磁枕,是窑场中的重中之重,有十分明显的地域特色与独特的形制与装饰手法。所见遗物,都是箱形枕系列。高温者有八角形与扁圆形,大小有别。高温长方八角枕,由8块泥片粘接枕墙,两块覆盖枕面和补底,在制作上比较费时费工,有的长度近50厘米,为它处所不见。装饰用剔刻、印花、划花、填彩、画花、开光等多种手法;纹饰以花草、人物、动物、诗文书法为主。箱形枕从唐代出现时10余厘米的长度,至河津八角枕近50厘米的长度,元代时有长度超过60厘米者,出土磁枕的变化显示出其由小到大的进化趋势。高温扁圆形枕形式各异,有的近乎圆形。装饰以刻划花卉、珍珠地、壸门为主;也见剔花填黑彩、画折枝花卉、刻写诗文者。釉水的玻璃质感几乎都较强。故宫博物院收藏的乾隆皇帝御题诗文者便是杰出代表。帝赋诗为文,以为定州物;现代有研究者专门著述,以河南登封窑北宋产品赞美,皆差之千里。枕面分区、壸门开关、填黑彩、划刻填珍珠地以及白色化妆土书写诗文等表现手法是河津窑高温枕点睛之笔,给人强烈的艺术冲击。一批造诣较高的书法诗文枕,表明有书写者对书法有深入的了解和深厚的功底,推测不是一般窑工所为。这是一种特别的现象,显示出文人书者的参与,况且从书法体例上看,这些参与者应当不止于两三人。法书在字体、运笔、构架上呈现出不同的修为程度,或洒脱,或中矩,或稚嫩。坚信金代的河津固镇,有类似民国时期"珠山八友"的组织或团队存在,正因为有这些文化人的渗透,我们今天才有幸欣赏到如此美妙的艺术作品。关于名人及文化人渗透到制陶行当,元代早期汾河下游、河津一带便有"寄寄老人"制陶的历史事实。"寄寄老人"陶器是元代早期"寄寄

图15　金　白瓷珍珠地牡丹纹扁圆形枕
长27、宽23.8、高10.7厘米
吉美博物馆藏

图16　金　白瓷珍珠地牡丹纹扁圆形枕
长31.8、宽29.8、高13.5厘米
静嘉堂文库美术馆藏

图17　金　白瓷诗文填黑八角形枕
长44、宽18.7、高11.3厘米
静嘉堂文库美术馆藏

图18　金　白瓷剔画花鸟纹八角形枕
长44.6、高11.4厘米
采自《东洋古美术》（第7册），图15

图19　金　三彩墨地水禽纹六角形枕
长35.6、宽14厘米
大都会艺术博物馆藏

图20　金　三彩墨地水禽纹六角形枕
长33、高10.4厘米
瑞典东亚博物馆藏

翁"所作，并有"寄寄老人"印款，此类陶器并非一般陶工所为，而是名人所作且有明确历史所记载，具独特魅力。当时知名人士王恽、段成己和段克己兄弟（晚年隐居龙门山中）都有诗文赞赏"寄寄老人"陶，虽然事在元初也并非烧造磁枕，然则埏埴相近，同为一行，距河津金代烧瓷又相去不远，可以从另一个侧面窥视到河津人文的发达[29]。此外，在检阅相关资料时，发现不少枕面诗文是没有释读的，有的诗文更是文献中所没有著录的，这些资料都有重要的文学价值和研究价值，其意义不言自明，尚需进一步梳理诠释。

低温者有八角形、六角形、曲体长方形、豆形、豆式曲体形、方体元宝形枕，式样比高温者丰富，所见皆砖红色陶胎。枕墙一般都有锦地印花纹饰，枕面装饰手法更是异彩纷呈，色彩绚丽。在基于砖红胎枕体（枕墙印纹），挂白色化妆土后，枕面便成为装饰的平台。枕墙多挂酱黄色或绿色色釉；枕面布置构图，剔、划并涂染色釉，穷其所能。剔掉白色化妆土的部分罩以绿釉，形成砖红胎色与绿釉复色的黑色背景；未剔掉化妆土的纹样依需要涂染绿釉、赭釉、黄釉则显示出本来色彩；白色化妆土上涂染透明釉则形成白色的纹样。色彩的使用已经超过三彩，应当有明确的认知；其中的白色更是不一般，有别于9世纪出现在巴格达一带的白釉，低温却显活泼。这些色彩的使用，完全以涂染的手法展现，而非泼洒。采用分区、开光，以花叶、婴戏（化生）、鱼水、动物、禽鸟、文字、人物故事等多样题材装饰，色彩应用娴熟，极尽华丽。

河津窑的发现，使得我们了解到国内外公私收藏中这些磁枕产自河津一带窑场，甚是欣慰。类型丰富、装饰新颖的磁枕，承载和传达了当地发达的文化。未来的日子，我们更需深入探讨和解读这样的文化现象，赋予它新的内涵。

注释

[1] 磁：泛指陶胎低温釉、瓷胎低温釉、瓷胎高温釉器物。河津窑仅见陶胎低温釉和瓷胎高温釉两类枕。

[2] 考古研究所安阳发掘队：《安阳隋张盛墓发掘记》，《考古》1959年第10期。

[3] 谢萌：《广东出现中国最早的陶质绞胎纹饰制品？》，《艺术市场》2010年第11期；广东省文物考古研究所：《肇庆古墓》，科学出版社，2008年。

[4] 孟耀虎：《磁枕玄珠》，三晋出版社，2014年。

[5] （明）屠隆撰，秦跃宇点校：《考槃馀事》，凤凰出版社，2017年。

[6] 宋伯胤：《陶瓷枕的造型、工艺和图案纹饰艺术》，《杨永德伉俪捐赠藏枕》，宝法德企业有限公司，1993年。

[7] 刘建洲：《巩县唐三彩窑址调查》，《中原文物》1981年第3期；河南省文物考古研究院、中国文化遗产研究院、日本奈良文化财研究所：《巩义黄冶窑》，科学出版社，2016年。

[8] 〔日〕三上次男：《中国的陶枕——唐至元》，《杨永德伉俪捐赠藏枕》，宝法德企业有限公司，1993年。

[9] 崔利民：《"盈"字款邢窑白瓷枕》，《中国文物报》2003年3月12日第8版。

[10] 陕西省考古研究所：《唐代黄堡窑址》，文物出版社，1992年。

[11] 长沙市文化局文物组：《唐代长沙铜官窑址调查》，《考古学报》1980年第1期。

[12] 山西省考古研究所：《山西浑源县界庄唐代瓷窑》，《考古》2002年第4期。

[13] 林士民：《浙江宁波市出土一批唐代瓷器》，《文物》1976年第7期。

[14] 付永魁：《河南巩县大、小黄冶村唐三彩窑址调查简报》，《考古与文物》1984年第1期。

[15] 萧湘、李建毛：《瓷器上的诗文与绘画》，湖南美术出版社，2006年。

[16] 孟耀虎：《山西平阳古瓷窑调查》，《考古与文物》2005年第3期；孟耀虎：《山西平阳窑瓷枕》，《收藏》2005年第1期。

[17] （明）高濂：《遵生八笺》，中国医药科技出版社，2011年。

[18] （明）文震亨撰：《长物志》，中国书店，2019年。

[19] 张子英：《磁州窑瓷枕》，人民美术出版社，2000年。

[20] （宋）周密撰：《齐东野语》卷十八，中华书局，1985年。

[21] （宋）唐庚撰：《钦定四库全书·集部·眉山诗集》卷三，中国书店，2018年。

[22] （宋）邵雍撰，陈阳整理：《梅花易数》，九州出版社，2016年。

[23] 陈万里编：《陶枕》，朝花美术出版社，1954年。

[24] 首都博物馆编：《首都博物馆藏瓷选》，文物出版社，1991年。

[25] 广州西汉南越王墓博物馆：《杨永德伉俪捐赠藏枕》，宝法德企业有限公司，1993年。

[26] （宋）王应麟撰，栾保群、田松青校点：《困学纪闻》卷三，上海古籍出版社，2015年。

[27] 孟耀虎：《求古寻论——河津窑别样风采》，《中国文物报》2016年12月2日第6版。

[28] 贾尧、王晓毅、高振华：《河津窑金代装饰瓷器概述》，《山西河津窑研究》，科学出版社，2019年。

[29] 宋新潮：《"寄寄老人"考》，《文物》2011年第10期。

河津窑金代装饰瓷枕概述

贾 尧 王晓毅 高振华

（山西省考古研究院）

河津窑作为晋南地区重要的制瓷窑场之一，历史悠久，结合现有考古资料其瓷器烧造最早可追溯至北宋早期。随着2016年山西省考古研究所、河津市文物局对固镇窑址的抢救性发掘，逐步揭开了这座千年窑场的神秘面纱。宋金是河津瓷业发展的鼎盛时期，其最具代表性的产品莫过于北宋的精细白瓷和金代的装饰瓷枕，特别是金代的装饰瓷枕，在造型和装饰上均独具一格，作为同类产品中的翘楚之作，代表了极高的工艺水平。本文结合现有收集的部分河津窑金代瓷枕材料，从形制、装饰及年代等方面对这批瓷枕材料进行初步梳理。现藏河津窑瓷枕产品以西汉南越王博物馆最多，本书中有专文予以介绍，此处不再赘述。

一、类 型 分 析

河津窑金代的瓷枕产品分高温粗白瓷枕和低温釉陶枕两类。

（一）高温粗白瓷枕

依据枕面及枕墙形制，可分为八角及扁圆两型。

A型 19件。八角形，根据枕身不同形态可分八方及腰圆两个亚型。

Aa型 17件。枕面呈八角形，枕身亦作八方形。枕面弧凹出沿，背缘多平齐，前缘弧曲。枕身上阔下窄，前低后高。枕长一般在41～45厘米，个别体量达55厘米。

白地剔花填黑缠枝牡丹纹八角形枕（F4②：158，固镇瓷窑址F4出土），可复原。枕面随八角双线阴勾竹节状边框，下边线呈半月形，框内以剔地留花手法展示折枝牡丹，地填黑彩，整个画面黑白相映、形象逼真。褐胎，质粗而坚。白釉泛黄，生烧，枕底有流淌的化妆土。枕长55、宽22.8～23.8、前高9.8、后高12厘米（图1）。

白地剔花填黑折枝牡丹纹八角形枕（F4②：157，固镇瓷窑址F4出土），可复原，

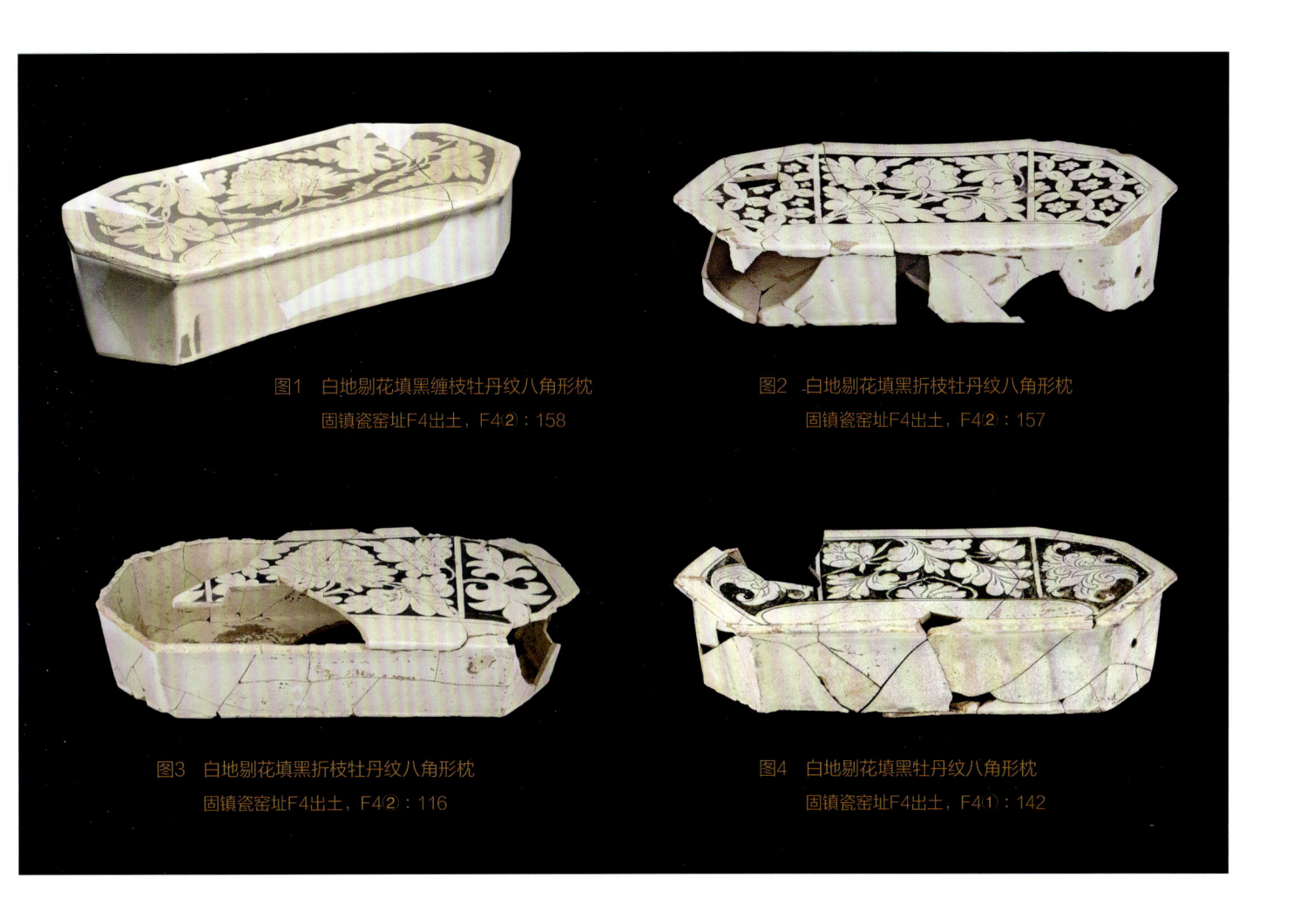

图1　白地剔花填黑缠枝牡丹纹八角形枕
固镇瓷窑址F4出土，F4②：158

图2　白地剔花填黑折枝牡丹纹八角形枕
固镇瓷窑址F4出土，F4②：157

图3　白地剔花填黑折枝牡丹纹八角形枕
固镇瓷窑址F4出土，F4②：116

图4　白地剔花填黑牡丹纹八角形枕
固镇瓷窑址F4出土，F4①：142

枕墙及枕底稍残。双线竹节状边框，下边线呈半月形，内剔留竖向框线分隔成三个区域，中央剔划折枝牡丹，两侧剔串钱朵花纹样。地填彩呈酱褐色。土黄胎，细而坚。白釉泛黄，化妆土盖到枕底部，底面有流淌的釉水及化妆土。一个气孔在枕前右侧面下方。枕长44.1、宽21、前高8.3、后高10厘米（图2）。

白地剔花填黑折枝牡丹纹八角形枕（F4②：116，固镇瓷窑址F4出土），可复原，枕面、枕墙及枕底均有残缺。枕面随形阴勾双线竹节状边框，下边线呈半月形，枕面正中开光内剔划折枝牡丹，花叶饱满，两侧以卷叶纹辅饰，减地处填黑彩。土黄胎，质略粗而坚硬。淡黄透明釉。白化妆土盖到枕底部，枕底平坦微内凹，边缘有积釉，枕底有不规则流淌的化妆土。枕长53、宽25.4、前高10.3、后高11.9厘米（图3）。

白地剔花填黑牡丹纹八角形枕（F4①：142，固镇瓷窑址F4出土），可复原，枕面、枕墙及枕底均有残缺。枕面随八角勾双线竹节形边框，下边线呈半月形。枕面正中双开光，长方形开光内剔划折枝牡丹，下方如意头形开光内剔划菊瓣纹，两侧装饰饱满的卷叶纹，地填彩呈灰褐色。红褐夹灰胎，质较粗而坚。淡灰透明釉，白化妆土及釉盖至枕底，枕面及前枕墙釉面有大量小气泡，枕背釉面干涩。枕底平坦微内凹，有流淌的化妆土及釉水。一个气孔在枕前右侧面中央。枕长44、宽20.5、前高8.4、后高10.9厘米（图4）。

图5　白地剔花填黑荷花纹八角形枕
固镇瓷窑址H15出土，H15①：116

白地剔花填黑荷花纹八角形枕（H15①：116，固镇瓷窑址H15出土），枕面残片。枕面随形勾双线竹节形边框，下边线呈半月形，框内剔划折枝荷花，花叶舒展，清新脱俗。减地处填黑褐彩。土黄胎，细而坚，胎体显见擀压痕。灰黄透明釉。枕面长41.5、宽19.5厘米（图5）。

珍珠地划牡丹纹八角形枕（F4②：161，固镇瓷窑址F4出土），枕面残片。枕面随形勾划双线边框，下边有三连弧云头形开光，框内划牡丹花叶，深及胎地，隙地戳印珠圈，珠圈圈径较小，排列紧密，少有叠压。红褐胎，质细而坚。淡黄色透明釉。枕面残长23.9、宽19.8厘米（图6）。

白地剔花填黑花鸟纹八角形枕，枕面随形有八角边栏，中部以减地留纹手法展示主题纹饰，剔地处填黑彩，黑色底子凸出白色的花鸟主题；两侧为剔地留纹的肥大叶片。枕残，有早年修理留下的铁质锔痕，锔径较大。黄白胎，器形轻薄。釉水润泽，有细开片。气孔在右前侧枕墙。枕长44、宽19、高10.5厘米[1]（图7）。

白地黑彩折枝莲纹八角形枕，器形扁长。随形阴勾单线边栏，内有竖向双线分割为三个区域，中部画折枝莲，两侧画草叶纹辅饰。气孔设在左前侧。黄白胎，白釉泛黄。枕长44.6、高11.5厘米[2]（图8）。

白地剔花填黑狮子卧莲纹八角形枕（山西省考古研究院侯马工作站藏），枕面、枕墙局部残缺。枕面随形划单线边框，中央菱形双线开光内剔狮子卧莲祥云图案，左右剔折枝卷草纹，剔地处填黑彩。灰胎，质粗而坚，灰黄色透明釉。枕长48、宽22.2、高11.9厘米（图9）。

白地填黑书白彩诗文八角形枕（日本静嘉堂文库藏），枕面随八角阴勾双线竹节形边框，中央剔地填黑蘸白彩书诗文《诉衷情·初春》："金盆水冷再重煨。不肯傍妆台。从他（教）髻鬟耸乱（松慢），只恁下香炉（斜神卷云钗）。莲步稳，黛眉开。后园回。手携（挼）柳带，鬓（斜）插梅梢，探得春来。"左右剔卷叶纹，地填黑彩（图10）。

白地黑彩书诗文八角形枕（故宫博物院藏），枕面随形勾划边框，内以竖向双线分隔，中央白地黑彩书诗文"白日归深境，青山入胜迹。何多明月轻，更知白云秋"。左右剔地填黑卷叶纹。通气孔位于前枕墙右侧偏中。枕长42、宽17.8、高11.8厘米（图11）。

图6 珍珠地划牡丹纹八角形枕
　　　固镇瓷窑址F4出土，F4②：161

图7 白地剔花填黑花鸟纹八角形枕

图8 白地黑彩折枝莲纹八角形枕

图9 白地剔花填黑狮子卧莲纹八角形枕
　　　山西省考古研究院侯马工作站藏

图10 白地填黑书白彩诗文八角形枕
　　　日本静嘉堂文库藏

图11 白地黑彩书诗文八角形枕
　　　故宫博物院藏

图12　白地剔花填黑折枝牡丹八角形枕
　　　深圳望野博物馆藏

图13　白地剔花填黑雏菊纹八角形枕
　　　深圳望野博物馆藏

图14　白地剔花填黑"化生童子"八角形枕
　　　深圳望野博物馆藏

图15　白地剔花填黑婴戏纹八角形枕
　　　郑州大象陶瓷博物馆藏

白地剔花填黑折枝牡丹八角形枕（深圳望野博物馆藏），枕面划双线边框，下边有三连弧云头形开光，枕心白地区域两侧划刻四片大叶，中心一朵牡丹花，花叶外隙地填黑彩。褐黄胎，粗砂如缸胎。枕身遍施白化妆土，罩透明釉，底部露胎有不匀的化妆土残留，局部有垂釉。枕底露胎处有竖写墨书痕，可辨起首两字为"贞祐"。枕长49、宽22、高13厘米[3]（图12）。

白地剔花填黑雏菊纹八角形枕（深圳望野博物馆藏），枕身遍施白化妆土罩透明釉，底部露胎有一层不匀的白化妆土粉。枕面划线分成三个区域，竹节形边线，中心剔地成长方形，露灰胎，色黄，内留两朵白色化妆土花，再以黑褐彩在露胎上绘枝叶、点花蕊。左右绘黑褐色花叶纹。枕长44、宽19、高11厘米[4]（图13）。

白地剔花填黑"化生童子"八角形枕（深圳望野博物馆藏），枕面浅剔一童子置半身于荷花中，手持一盛开的荷花，减地填黑彩。灰胎，枕面及枕墙施化妆土，底露胎。枕底无釉，可清晰看到一朵大的赭粉花及几个花叶，这种花样纹饰在同类造型枕面上有见，是当时工匠用枕下涩底试笔时留下的痕迹。枕长35、宽16、高7.3厘米[5]（图14）。

白地剔花填黑婴戏纹八角形枕（郑州大象陶瓷博物馆藏），枕面随形划单线边框，内剔地留纹，中央主题纹饰为婴戏图案，两侧剔卷叶纹，地填黑彩。黄白胎，白化妆土及釉盖至底。一个气孔位于枕前右侧面中央。枕长45、宽19、高12厘米（图15）。

图16　白地剔花婴戏纹八角形枕
　　　万荣县博物馆藏

图17　白地刻划"黄河诗"八角形枕
　　　佳县文化馆藏

图18　白地剔花填黑荷花纹八角形枕

图19　珍珠地划荷花纹八角形枕

白地剔花婴戏纹八角形枕（万荣县博物馆藏），枕面边沿略残。枕面剔八角形边框，正中开光内剔婴戏蹴球纹样，两侧以卷叶纹装饰。减地处罩釉露胎。一个气孔位于枕前右侧面。枕长42、宽18.5、高11.3厘米（图16）。

白地刻划"黄河诗"八角形枕（佳县文化馆藏），枕面边沿略残。枕面随形勾划单线边框，枕面划竖向双线分成三个区域，中央刻划《黄河诗》："碧领空山不段头，东南西北复还流。三穹穴聚鱼千只，九曲能行万里州。神后浪翻重后土，庙前波汲壮浦州。川运世界难阑截，也备江湖大海收。"两侧以缠枝牡丹花叶纹辅饰。枕长46、宽21、高12厘米（图17）。

Ab型　仅2件。枕面呈八角形，枕身则为长腰圆形。在窑址内暂未发现腰圆形枕墙的瓷枕残片，但这两件瓷枕八角造型、剔花填黑及枕前壶门开光的装饰风格与固镇窑址的八角形瓷枕相同，应也属河津窑产品。

白地剔花填黑荷花纹八角形枕，枕面随八角划刻边线，边线前端呈壶门形，以剔地留花手法展示折枝荷莲，地填黑彩。黄白胎致密。釉水细腻，有流釉痕。枕底有流淌的化妆土和釉水。气孔在右前侧。枕长32、宽13.5、高9厘米[6]（图18）。

珍珠地划荷花纹八角形枕，枕面边沿较圆弧，随形阴勾双线边框，枕前边线呈壶门状，框内划缠枝荷花纹，花叶间隙戳珍珠地。枕长37、高12.5厘米[7]（图19）。

B型　14件。腰圆形。枕面呈椭圆或近圆形，枕心弧凹不出沿，枕身上阔下收，前低后高。面径以20～25厘米为主，部分达30～35厘米，也有少量在20厘米以下的小型圆枕。

珍珠地划花叶纹腰形枕（F4②：118，固镇瓷窑址F4出土），复原器。近圆形。枕面上方勾划半月形双线边框，框内划折枝花叶，地戳珠圈，框下边线呈月牙形开光留白。珠圈较浅显，内无填嵌，露胎色。黄白胎，细腻坚致。白化妆土及釉盖至底，有细开片。枕墙显见旋坯痕，枕底边缘有三处支垫痕，化妆土及釉水流散，右枕墙中央有一圆形气孔。枕面径23.5、底径19.2、前高8、后高9.5厘米（图20）。

白地黑彩折枝花叶纹腰形枕（F4①：39，固镇瓷窑址F4出土），复原器。近圆形。灰胎，细而坚。釉色泛青，釉面有少量气孔，釉层薄。枕底微内凹，有流散的釉水和化妆土。右侧枕墙偏中部有一圆形气孔。枕面釉下绘雏菊花叶，彩呈青褐色。枕面径19.2、底径14.3、前高6.3、后高7.8厘米（图21）。

珍珠地划牡丹纹腰形枕（F4①：140，固镇瓷窑址F4出土），可复原。枕面近圆形。枕面上半部勾半月形边框，枕前留白。开光内刻划牡丹花叶纹，纹样外戳印珍珠地，珠圈较浅显。黄白胎，枕墙内壁显见旋坯痕。淡黄透明釉，前枕墙可见装烧粘连痕。枕底平坦内凹，有流淌的釉水及化妆土。枕面横长20.7、枕面纵长20.4、底径14.9～16、前高8.4、后高9.1厘米（图22）。

白地剔花填黑开光诗文腰形枕（F4②：163，固镇瓷窑址F4出土），可复原。枕面呈椭圆形，上部阴勾双线半月形边框，框内竖向双线分割成三个区域，中央刻"白日莫闲过，青春不再来"，两侧剔卷叶纹辅饰，地填黑彩，框下边线做成三连弧云头形。深灰胎，质细而坚。灰黄透明釉，白化妆土盖至枕底。枕底平坦内凹，有流淌的化妆土及釉水。枕底边缘可见擦拭釉水痕。枕面横长31.5、枕面纵长27.5、底径15、前

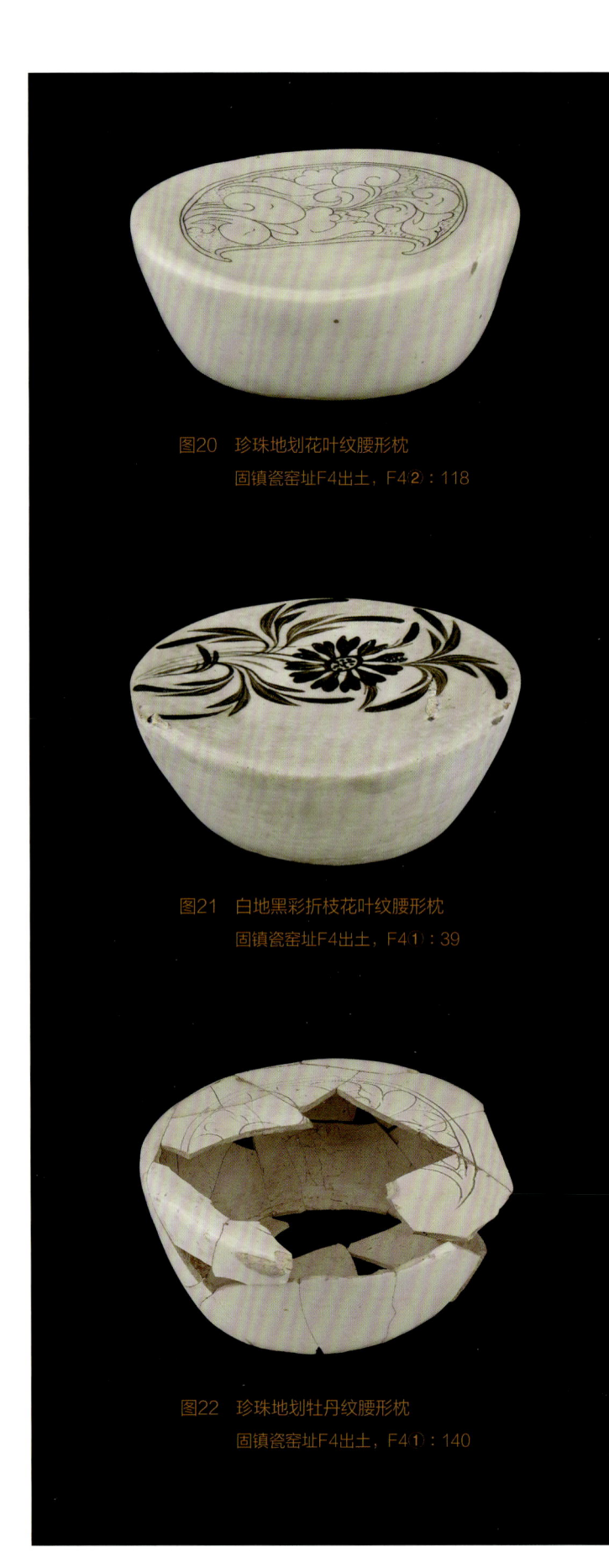

图20　珍珠地划花叶纹腰形枕
固镇瓷窑址F4出土，F4②：118

图21　白地黑彩折枝花叶纹腰形枕
固镇瓷窑址F4出土，F4①：39

图22　珍珠地划牡丹纹腰形枕
固镇瓷窑址F4出土，F4①：140

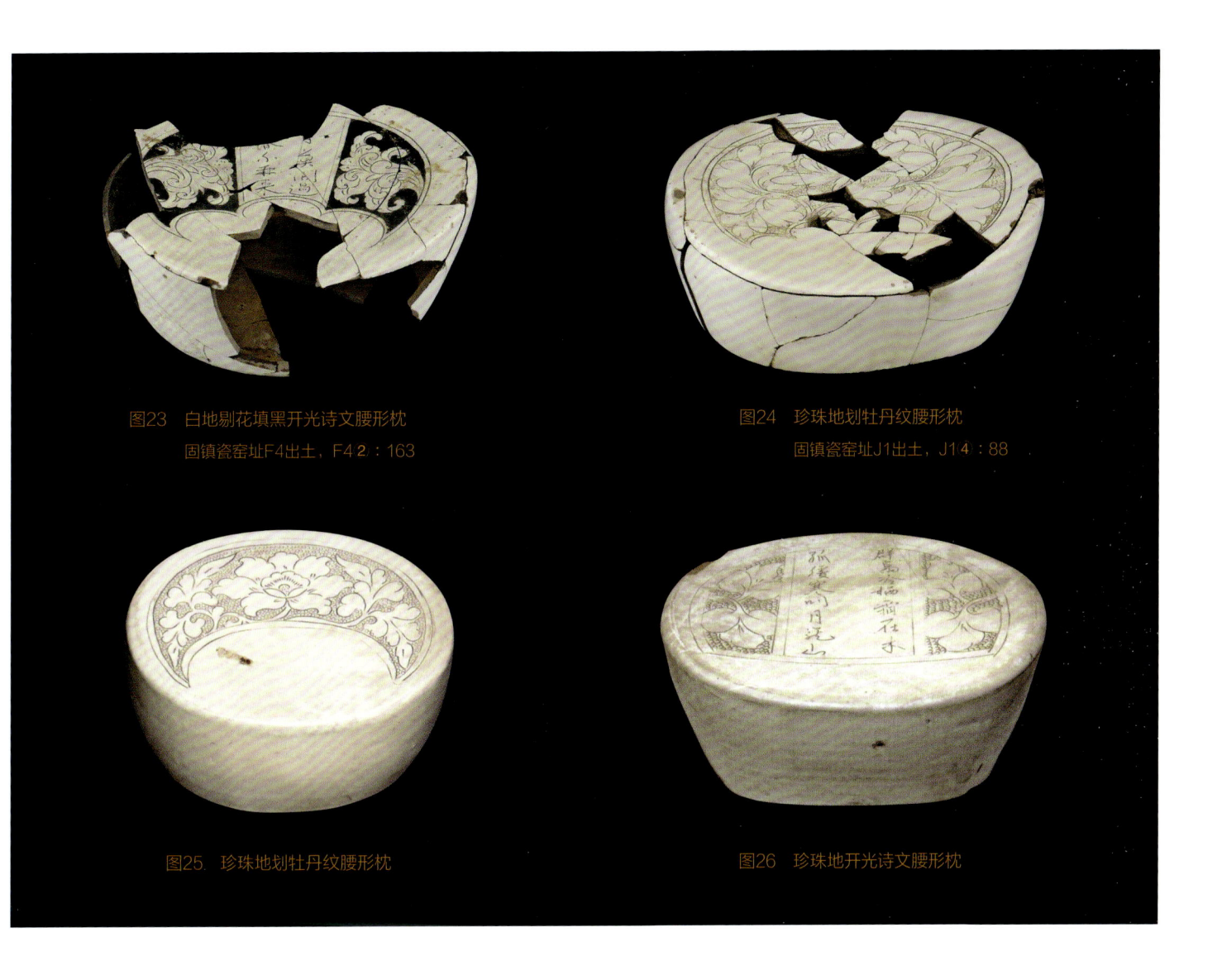

图23　白地剔花填黑开光诗文腰形枕
固镇瓷窑址F4出土，F4②：163

图24　珍珠地划牡丹纹腰形枕
固镇瓷窑址J1出土，J1④：88

图25．珍珠地划牡丹纹腰形枕

图26　珍珠地开光诗文腰形枕

高9.6、后高12厘米（图23）。

珍珠地划牡丹纹腰形枕（J1④：88，固镇瓷窑址J1出土），枕底残缺。枕面近圆形，阴勾双线半圆形开光，下框线呈四连弧形开光留白，半圆形开光内划折枝牡丹花叶，底填珍珠纹，珠圈排列紧密有序，多有叠压。灰褐胎，质细而坚。釉面匀净，有少量气孔。一个气孔位于右枕墙中部。枕面横长33.4、枕面纵长31.7、残高9.2～11.8厘米（图24）。

珍珠地划牡丹纹腰形枕，枕面上半部阴勾双线边栏，形成月牙形开光；开光内中部划刻牡丹一朵，两侧各有两枝叶上下伸展，底以珍珠纹填饰；开光下显出近椭圆的空白部分。黄白胎。釉水细腻匀净，有芝麻点细碎开片。枕长21.6、宽18.6、高10.6厘米[8]（图25）。

珍珠地开光诗文腰形枕，枕面双线勾半圆形边栏，以对称双直线分割成三部分，中部刻"群鸟冷栖霜在木，孤猿寒叫月号山"，两侧划叶纹并用珍珠纹填底。枕面下半部分留白。气孔在枕身侧面。黄白胎[9]（图26）。

图27　乾隆御题款珍珠地划牡丹纹腰形枕
故宫博物院藏

　　乾隆御题款珍珠地划牡丹纹腰形枕（故宫博物院藏），枕面近圆形，上部勾划折枝牡丹，珍珠地填饰。盛开的花朵，配以卷舒流畅的枝叶，清丽脱俗。主题纹饰下为壸门开光，开光内镌刻乾隆皇帝御题诗。右侧壁上有一气孔。枕长33.8、宽30、高12.5厘米（图27）。

　　白地剔花填黑卷叶纹腰形枕（广东省博物馆藏），近圆形。枕面上部双线勾半月形边框，内剔折枝卷叶纹，地填黑彩，边框下边线呈月牙形开光留白。枕长28.5、宽27、高11.5厘米（图28）。

　　珍珠地划折枝牡丹纹腰形枕（韩城市博物馆藏），枕面半月形框内划折枝牡丹纹，以戳印珍珠纹衬底。半月形边框的下方为云头形开光留白。乳白釉稍泛黄，侧面上部有一气孔。素底露胎。枕底墨书"大定十六年七月十一日仁记"。枕长25.5、宽24.3、最高处11.5、中间低处高9厘米[10]（图29）。

　　珍珠地开光诗文腰形枕（河津市博物馆藏），枕面呈椭圆形，阴勾双线半月形边框，内划竖向双线分割，中间勾划诗文"夜入翠烟啼，晓寻芳树枝。青山无限景，由道不如归"。左右划花叶纹，衬以珍珠地。土黄胎，质坚。透明牙黄釉，有细开片。枕底崩裂，有流散的化妆土。枕通长32、通宽29.5、通高12.7厘米，重3.05千克（图30）。

　　珍珠地划折枝花叶纹腰形枕（稷山县博物馆藏），椭圆形。浅褐红胎，通身施牙白透明釉，底部露胎，有流散的化妆土及釉水。枕面云头形双开光内饰珍珠地牡丹纹。左侧面有一圆形气孔。枕长30、宽28.5、高13厘米，重2.82千克[11]（图31）。

　　珍珠地划花叶纹腰形枕（深圳望野博物馆藏），枕形腰圆。灰胎，面及周围遍施化妆土罩透明釉，背墙中心有一气孔。枕面勾双线呈月牙形分隔，内圈五个弧弯呈开光留白效果。月牙形分隔内划刻两株左右分摆的花叶纹，叶外空白处点珠圈，珠圈内露胎呈黑灰色。枕长17、宽16、高8厘米[12]（图32）。

　　珍珠地划折枝牡丹纹腰形枕（运城市河东博物馆藏），枕面近圆，上部阴勾双线半月形边框，内自左侧勾划一株折枝牡丹，花叶外印珍珠地，框下边线做成三连弧云头

图28　白地剔花填黑卷叶纹腰形枕
广东省博物馆藏

图29　珍珠地划折枝牡丹纹腰形枕
韩城市博物馆藏

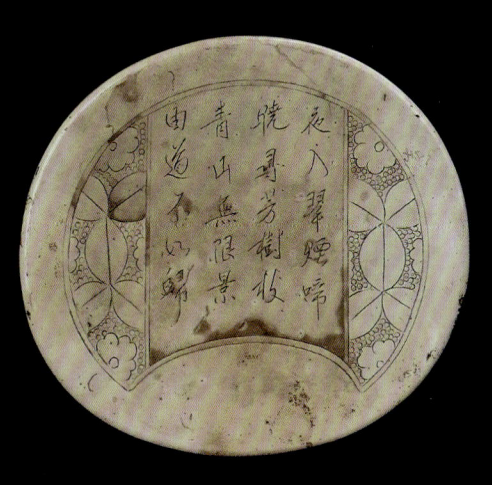

图30　珍珠地开光诗文腰形枕
河津市博物馆藏

图31　珍珠地划折枝花叶纹腰形枕
稷山县博物馆藏

图32　珍珠地划花叶纹腰形枕
深圳望野博物馆藏

图33　珍珠地划折枝牡丹纹腰形枕
运城市河东博物馆藏

图34　三彩剔地牡丹纹六角形枕
固镇瓷窑址F4出土，F4①：118

图35　绿釉剔地荷花纹六角形枕
宝鸡市陈仓区博物馆藏

形。褐黄胎，白化妆土及釉施至底，局部剥釉。枕底有大面积流散的化妆土及釉水。一个气孔位于右枕墙中部。枕通长25、通宽23.5、通高10厘米，重1.65千克（图33）。

（二）低温釉陶枕

此类低温陶枕形制较多样，包括六角形、八角形、方角元宝形、花边豆形及弧长方形。枕面剔花纹饰，枕身模印方格锦花纹，方形枕边角连接处均有凸棱状加固，色彩运用娴熟，装饰题材多样，构图别出心裁，显示了极高的艺术水平。

A型　7件。六角形，枕背墙平齐，前墙微内曲，左右侧墙作折角双边。枕面弧凹，前低后高。

三彩剔地牡丹纹六角形枕（F4①：118，固镇瓷窑址F4出土），残存一半。红褐胎，质粗疏。枕面一周在化妆土上涂黄彩，并有阴勾线为边框，框内以白、绿、黄三色搭配牡丹花叶纹，白色花瓣与绿色茎叶衬托鲜明。枕墙周身模印锦花纹，六角有凸棱加固边线。通体釉面富玻璃质感，有细开片。枕残长17.9、宽12.9、前高7.5、后高8.8厘米（图34）。

绿釉剔地荷花纹六角形枕（宝鸡市陈仓区博物馆藏），枕面随形划边框，框内剔折枝莲纹，枕墙模印方格锦花纹。砖红色胎，通体施白化妆土，面及枕墙罩绿釉。枕底粗施化妆土，边缘有流淌的釉水。面及枕墙剥釉严重，枕墙边角有凸起加固。枕通长26、通高12厘米，重1.8千克（图35）。

三彩剔地吴牛喘月纹六角形枕，枕面边栏用双阴线勾出，施黄釉，栏内三组图案组成。主题纹饰为吴牛喘月，月亮、天空和苇花以白色表达，卧牛身涂黄彩，回首望月，剔地部分、苇秆、花草罩绿釉。主题纹饰两侧为荷花纹。枕身粘连处有凸棱，模印锦地图案。赭红色胎杂有砂粒。枕面釉水莹润，有细开片；枕身绿釉薄厚不匀，有剥釉现象。底部粗施化妆土。枕长44.2、宽20、高11.4厘米[13]（图36）。

三彩剔地人物故事六角形枕，枕面阴勾双线边栏，并填黄彩。边栏内右下角留地，其余剔地留纹。主题纹饰为一奔驰的马匹和一坠马之人，并有坠马时不由自主飞出的马

图36　三彩剔地吴牛喘月纹六角形枕

图37　三彩剔地人物故事六角形枕

图38　三彩剔地狮子滚绣球纹六角形枕
　　　河津市博物馆藏

图39　三彩剔地折枝牡丹纹六角形枕
　　　芮城县博物馆藏

鞭。枕身六面印花，相接处有凸棱加固。砖红胎，釉水匀净细腻。枕长36、宽15.5、高10厘米[14]（图37）。

三彩剔地狮子滚绣球纹六角形枕（河津市博物馆藏），砖红色胎。枕面随形划双线边框，内填黄釉，框内剔狮子滚绣球图案，以白、绿为主色调，黄釉作点缀，减地处罩绿釉显黑色。枕墙模印网格锦花纹，罩绿釉。面及枕墙局部剥釉，枕底粗施化妆土，边缘有流釉痕。枕墙右侧面有一气孔，枕身粘连处有凸棱。枕通长26.2、通宽12.3、通高9.3厘米，重1.16千克（图38）。

三彩剔地折枝牡丹纹六角形枕（芮城县博物馆藏），红褐色陶胎。枕面随形划双线边框，内涂黄釉，框内剔折枝牡丹，牡丹花朵留化妆土罩透明釉呈黄白色，以黄釉点缀，枝叶及减地处罩绿釉。枕墙模印方格锦花纹，罩绿釉。釉面有细开片，有剥釉现象，白化妆土盖至枕底。枕底露胎，粗施化妆土。一个气孔位于枕背面中上部。枕长27.7、宽11.9、高9.4厘米，重1.22千克（图39）。

三彩剔地童子持莲纹六角形枕（芮城县博物馆藏），浅红褐色陶胎。枕面随形划双线边框，内填黄釉，框内剔童子持莲图案，童子肌肤及莲瓣留化妆土施透明釉显淡黄白，以黄釉点缀项圈及裙摆，莲花枝叶及减地部分罩绿釉。枕墙模印方格锦花纹。釉面有细开片，局部剥釉。白化妆土盖至枕底，底有擦去化妆土后的痕迹。气孔位于枕背面中上部。枕长24.5、宽11.7、高8.9厘米，重1.1千克（图40）。

B型　2件。八角形，枕背较平直，枕前墙以凸棱边线分三部分，中间微内曲，两侧斜折，左右侧墙作折角双边。枕面微弧曲，前低后高。

三彩剔地鹿莲纹八角形枕，枕面边栏用双阴线勾出，施黄釉，栏内两组图案组成。主题纹饰在花边开光内，一回首卧鹿，身后一株小树，前面则有一片慈姑；地表以白彩涂染，剔地处绿釉和赭色胎骨相迭，形成黑褐色背景。花边开光两侧为黄绿色龟背纹锦地开光，开光两侧为荷花纹。枕身粘连处六角有凸棱，两角为圆折。砖红色胎。釉水斑驳，有细开片；枕身绿釉薄厚不均，有剥釉现象，左侧枕身泛铅严重。底部有不规则化妆土。枕长41、宽16、高11.5厘米[15]（图41）。

绿釉剔划水波孔雀纹八角形枕（深圳望野博物馆藏），砖红胎，遍施白化妆土。枕面与底略出沿，枕面与底每拐角处以出筋装饰连接，后枕墙中偏上有一气孔，平底无釉。枕面外沿薄剔刻留出白化妆土回字纹边饰，罩浅黄色玻璃釉，中心区为篦划水波纹，罩绿釉，水波纹层层叠叠随绿釉深浅产生荡漾感。枕墙满施绿釉，中间枕墙模印山石孔雀花卉纹，孔雀翘立于山石之前。其他枕墙模印方格锦花纹。枕长30.5、宽14、高9厘米[16]（图42）。

C型　3件。方角元宝形。上宽下窄，前低后高。长方形枕面，两端稍阔，中间略收。

三彩剔地莲花纹方角元宝形枕，枕面一周在化妆土上涂黄彩，并有阴勾线作边栏，内侧以剔减手法做出开光，留折枝花叶，叶片和减地部分填涂绿彩。枕身四面饰锦纹印花，四角有凸起的加固边

图40　三彩剔地童子持莲纹六角形枕
芮城县博物馆藏

图41　三彩剔地鹿莲纹八角形枕

图42　绿釉剔划水波孔雀纹八角形枕
深圳望野博物馆藏

图43　三彩剔地莲花纹方角元宝形枕

图44　三彩剔地牡丹纹方角元宝形枕
稷山县博物馆藏

图45　三彩剔地花卉纹方角元宝形枕
深圳望野博物馆藏

图46　三彩划刻鱼纹花边豆形枕

线。砖红色胎骨略显疏松，釉水有玻璃质感和细开片。枕长23.5、宽11、高8.6厘米[17]（图43）。

三彩剔地牡丹纹方角元宝形枕（稷山县博物馆藏），枕面随形划双线边框，内剔六连弧形开光，开光内饰折枝牡丹一朵。花朵以白、黄色调搭配，枝叶及剔地部分罩绿釉，开光外剔地露胎罩透明釉显赭褐色。枕四侧面对称模印方格锦花纹。底部不挂釉，粗施化妆土。枕左侧面上沿有一圆形气孔。枕长26、宽12、高9厘米[18]（图44）。

三彩剔地花卉纹方角元宝形枕（深圳望野博物馆藏），砖红胎，局部施白色化妆土，器底露胎，侧面置一通气孔。四边模印方格锦花纹，枕面薄剔形成胎地露白粉纹饰及轮廓线，开光区域内罩绿釉成墨绿地，薄剔白粉花上点绿彩，罩黄玻璃釉，最终呈现多色阶变化。枕长29、宽13、高10厘米[19]（图45）。

D型　3件。花边豆形或花边腰圆形，亦有称三瓣花形，枕面微凹，前低后略高，枕身弧曲呈三瓣花形。

三彩划刻鱼纹花边豆形枕，枕面双边栏内划刻开光，开光似人头仰卧之印痕，有双

耳和勺部，内划刻水波纹，填绿彩。中间饰鱼纹，鱼纹尾、鳍点染赭黄彩，鱼纹和开光外鱼尾式U形框内填淡明黄彩。枕身由前后两块黏合，以锦地纹为饰。砖红色胎骨。釉水莹润，釉面有失光现象。枕边及背后有磨损。枕长25.5、宽11.4、高9厘米[20]（图46）。

三彩剔地孔雀牡丹纹花边豆形枕（广东省博物馆藏），砖红色胎。枕面随形勾划边框，内涂黄釉。框内图案以剔留的竖向边线分割成三组，中间剔菱花形开光，内饰孔雀、牡丹及山石图案，孔雀头身局部、牡丹花及开光边线于化妆土上罩透明釉显白色，孔雀身羽、牡丹枝叶及山石罩绿釉显淡绿色，图案细部以黄彩点缀，开光外剔地露胎罩透明釉显赭褐色。左右剔折枝花叶，枕面减地部分罩绿釉，与砖红胎相叠显黑色。枕墙周身模印方格锦花纹，施绿釉。枕长30、高8.8厘米（图47）。

三彩剔地吴牛喘月纹花边豆形枕（深圳望野博物馆藏），胎色砖红，通体施化妆土。枕边墙模印方格锦花纹，施绿釉到底。底无釉，化妆土磨损露胎。枕面外边划刻格带框线，内涂黄釉。框内中间弧圆形开光，化妆土罩透明釉显白色。左右侧剔花叶露胎地，罩绿釉，花叶留化妆土白色，罩绿釉后呈淡绿色，底子因剔刻露红砖胎，绿釉在胎色反衬下呈墨绿。弧圆开光中心上方剔刻云朵弯月，下刻台地，台地上有一卧牛仰头对月。弯月、台地留化妆土罩透明釉白色，卧牛通身黄釉点染，眼睛黑彩处理，云朵及地子施绿釉。枕长29、宽13、高10厘米[21]（图48）。

E型　仅1件。弧长方形。枕前、背墙弧曲，两侧墙斜直。

三彩剔地树下鹅戏纹弧长方形枕（深圳望野博物馆藏），胎色砖红，通体施化妆土。枕边四墙有模印方格锦花纹，施绿釉至底。底无釉，化妆土磨损露砖红色，墨书字迹模糊。枕面划刻边线，内涂黄釉。框内一棵曲干垂叶的

图47　三彩剔地孔雀牡丹纹花边豆形枕
广东省博物馆藏

图48　三彩剔地吴牛喘月纹花边豆形枕
深圳望野博物馆藏

图49　三彩剔地树下鹅戏纹弧长方形枕
深圳望野博物馆藏

矮树，树下两只鹅立于塘坝上。鹅身整体用透明釉处理，化妆土反衬为白色。矮树、塘坝和地子全部罩绿釉，树与塘坝留化妆土显淡绿效果；地子露胎罩绿釉显色墨绿，有池塘水面的效果。鹅嘴和脚分别以黄、绿釉点涂。枕长34、宽17、高10厘米[22]（图49）。

二、装 饰 工 艺

（一）装饰技法

河津窑瓷枕的枕面装饰均以化妆土为地，为了掩饰胎体的缺陷和便于装饰，需在素胎上施一层白色化妆土，采用剔刻、勾划、填彩、画花、戳印等技法进行装饰。

1.高温粗白瓷枕

高温粗白瓷八角形及扁圆形瓷枕的装饰技法包括剔划花及填彩工艺、珍珠地划花和白地黑画花。其中，八角形枕以剔划花填黑彩及白地黑画花为主，扁圆形枕以珍珠地划花装饰为主。

（1）剔划花及填彩工艺

河津窑枕面装饰最具代表性的技法即剔花填黑彩，是将剔花与填彩相结合的装饰技法。剔花填黑彩工艺在当阳峪窑、磁州窑及赤峰缸瓦窑均有发现，虽然所呈现的装饰效果相近，但各自在装饰技法上又有所不同。

白釉剔花为磁州窑首创装饰技法，出现于北宋初期，北宋后期最为流行，并一直沿用至元代，是磁州窑最具代表性的装饰技法之一[23]。磁州窑的剔划花填彩工艺包括黑剔花及划花填黑彩，相较其主流的白釉剔花及白地黑花技法，产品相对较少。黑剔花即在白色化妆土之上，在局部或全部加施一层黑色彩料，然后划刻花纹，将花纹以外部分的黑色化妆土剔去，又不伤及白色化妆土[24]。属先填彩后剔刻的手法，且保留白化妆土。划花填黑彩即在施有白色化妆土的器物表面划出花纹，再在花纹内或花纹以外的部分填以黑彩，同样呈现黑白相映的效果。当阳峪窑的剔划花填彩工艺主要有黑剔花和黑剔花刻填。黑剔花与磁州窑同类技法相同，且相较磁州窑更为流行。黑剔花刻填是指在器物表面施白色化妆土后，即划刻出主花纹和花纹的细部，施黑彩以后小心地沿主花纹的轮廓剔去黑彩，原来划刻处的纹饰仍保留黑彩，属黑剔花装饰与划花填彩工艺的结合，制作上更复杂且精美[25]。辽代赤峰缸瓦窑的白釉划花黑彩产品，其工艺是在颜色较深的器胎上施以白色化妆土，其上划出花纹轮廓，并以深及胎地的篦纹划出叶脉及花筋，花纹隙地的化妆土上施以黑彩，最后罩以透明釉[26]。同样呈现黑地白花效果，属划花填彩工艺，保留底部化妆土，但取得与剔地填黑彩同样的装饰效果。

通过对比以上四个窑口的剔划花填彩工艺可知，装饰手法以划花填黑彩和黑剔花为主，均保留白化妆土。划花填黑彩为先划后填，而黑剔花为先填后剔。河津窑的剔花填黑彩技法，则是采用剔花手法，剔及胎地，先剔后填彩。其具体工艺流程是先在施白色化妆土的器物表面划出花纹轮廓，并以深及胎地的篦纹划出纹样细部，再剔掉纹样外的化妆土，露出胎地，然后在减地部分填以黑彩，最后罩透明釉烧制，呈现黑地白花的效果，是河津窑工将剔花及填彩工艺结合运用的一种创新。从河津窑八角形枕枕面装饰来看，单纯以剔划花技法装饰的很少，多以剔划花填黑彩为主，或剔地填彩与剔地露胎、黑画花组合使用，追求不同的装饰效果。河津窑瓷枕产品胎地罩透明釉多呈浅棕褐色，相较当阳峪深剔花产品胎地罩釉所显现的深棕、黑棕色，其呈色相对浅淡。为了追求黑白突显的装饰效果，河津窑工将剔花与黑填彩结合，画面对比鲜明、极富立体感，且从纹样的运笔及刀工来看，这种装饰技法在金代已十分成熟，很少发现填彩叠压主题纹样的现象，这种成熟的装饰技艺及审美倾向与金代平阳地区刻版业的高度发达可能也存在一定关联。

（2）珍珠地划花

此类装饰技法主要运用于扁圆形枕枕面，少量八角形枕上亦有使用。戳印的珍珠地有两类：一类是以管状工具戳印，呈珠圈状，排列紧密有序；另一类则呈麻点状，应是用锥一类的尖状物戳点形成。从固镇窑址出土的珍珠地瓷枕来看，其珠圈圈径一般在2～5毫米，圆形，排列大多紧密且整齐，个别有重叠及出格现象，有的甚至只印半圈，主题纹饰勾划较深，珍珠地为辅助纹样，多较浅显。戳印处露胎，不着色粉，纹线处因胎色的差异呈现的颜色也不同，多呈棕褐色或黑灰色。

另外，从笔者在河津地区调查采集的瓷片标本来看，乡宁土圪堆窑址，河津北午芹、刘家院窑址也有珍珠地产品，器类有枕和瓶，可见珍珠地划花是宋金时期该地区较流行的装饰技法。土圪堆、刘家院瓷窑址的珍珠地珠圈圈径较小，戳及胎地，显胎色不着色粉；北午芹的珍珠地主题纹饰及珠圈内则填嵌色粉，罩釉后呈黑褐色。

（3）釉下画花

此技法广泛应用于高温八角形枕上，扁圆形枕枕面也有少量使用，包括白地黑画花的草叶纹、白地黑彩书文字及填黑地白彩书文字。黑画花的草叶纹多作辅助纹样，饰于枕面两侧。除瓷枕外，在固镇遗址金代文化层中出土的盆、碗、盘的内壁，以及罐、器盖表面也普遍采用黑画花草叶纹装饰。画花技法娴熟，纹样线条流畅，浓淡有别，多呈酱色或赭褐色。

2.低温釉陶枕

低温釉陶枕枕面装饰技法主要为剔划花，以剔花为主，划花装饰细节，枕墙均为模印的方格锦花纹。以黄釉、绿釉及透明釉在白色化妆土及砖红色胎地上的不同显色搭配，以呈现不同的装饰效果。

关于固镇窑址低温三彩枕枕面的装饰技法，现已发表的一些文章和图录中将其界定为剔划三彩填黑。为了考证其枕面剔地部分所呈现的黑色是填彩，还是绿釉罩在砖红色胎上的自然呈色，笔者借助超景深三维视频显微系统，分别对高温剔花填黑彩瓷枕和低温三彩枕断面进行了比较观察。首先，两类瓷枕的剔花工艺均为剔除纹样外的化妆土，露出胎地。其次，通过显微成像，可见在高温填彩枕剔地处的釉层下有一层棕褐色的填

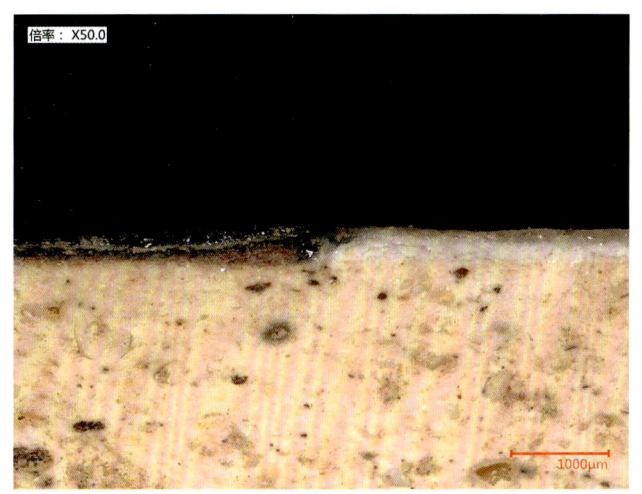

图50　剔花填黑工艺断面显微观察　　　　　　　　图51　低温三彩枕胎釉断面显微观察

彩，且从枕面也可看到部分填彩叠压在主题花纹上的现象，属典型的剔花填黑彩工艺（图50）。而从三彩枕的断面来看，其剔地部分的胎体是直接罩釉，无填彩，整个绿釉的釉面连续，花纹上的釉层薄，减地部分的釉层厚，枕面剔地处所呈现的黑色是绿釉罩在砖红色胎上的显色（图51）。

另外，从固镇窑址出土的三彩枕（F4①：118）枕面色釉间的叠压和晕染来看，施釉的顺序是先以透明釉涂饰白色花瓣，再以黄釉点染花蕊并填涂枕面边框，最后以绿釉填涂花叶、减地处及枕墙。施釉至枕底，枕底可见明显流釉痕，且此类三彩枕多通体施化妆土，在枕底部往往可以看到擦拭化妆土的痕迹。

（二）装饰题材

河津窑瓷枕枕面纹样题材丰富多样，有花叶、诗文、婴戏、动物及典故等，以花叶及诗文为主。

花卉纹样有牡丹、荷花及雏菊。其中以牡丹最为常见，取其富贵吉祥之寓意，以剔地留纹和珍珠地划花技法来展现，尤其是扁圆形枕枕面主题纹饰多为牡丹花叶。表现手法上有的呈盛开状，有的呈含苞状，形象鲜活，缠枝、折枝均有。高温八角形枕以剔地填黑手法展示，黑白相映，尽显牡丹雍容华贵之美；高温扁圆形枕以珍珠地划花表现牡丹，以线条勾勒牡丹花叶，简洁明快；低温釉陶枕枕面的牡丹纹样则相对简练，以色彩取胜，均为五六片花瓣，中心的花瓣相拥，包裹花蕊，底部的花瓣舒展开来，作承托状，花瓣呈白色或黄白色，花蕊呈黄色，枝叶显绿色，整体效果素雅端庄。莲花是仅次于牡丹的花卉题材，高、低温枕上均有使用，以剔划花填彩技法展示，构图与牡丹相似，有以单独的折枝莲展示的，也有用卷叶纹或草叶纹作辅助装饰的。纤细的草叶纹及肥硕的卷叶纹多作为辅助纹样使用，前者采用黑画花技法，后者多以剔地留纹技法展示。黑画花的草叶纹纤细流畅，叶头多三笔绘就，浓淡有致、特色鲜明。不同于磁州窑、介休窑的草叶形象，从固镇窑址出土的F4①：39（图21）及深圳望野博物馆藏雏菊纹枕（图13）枕面纹饰来看，此类黑画花草叶纹的素材应来源于某种雏菊科植物，是制瓷工匠对日常生活中所见之物的生动描绘和艺术升华。

文字、诗词是河津窑陶瓷枕另一主要的装饰题材，其表现手法可分三类：第一类是黑地白字，采用剔地填黑工艺，再蘸白色化妆土书写，立体感强，有浅浮雕效果；第二类是白地黑字，在白色化妆土地上蘸黑彩书写；第三类是直接在枕面化妆土地刻划文字，高温圆形枕及低温枕多用此方法。文字枕的取材以诗词、对联和警句为主，如唐张祜的《宫词二首》、宋晁瑞礼的《诉衷情·初春》、唐白居易的《长恨歌》、唐护国的《赠张驸马斑竹柱杖》、唐贾岛的《寻隐者不遇》等，有的在原引用的基础上对诗词加以修改，以契合创作人自身想表达的意境。枕面文字遒劲有力、飘逸洒脱，显示出书写者深厚的书法造诣。

除花叶及诗文类主流题材外，还有动物、婴戏纹和典故等。动物纹样有鹅、鸭、鹿、孔雀、游鱼、马和虎等；婴戏题材多为童子持莲，寓意连生贵子；相关典故有白鹿衔花、吴牛喘月、虎咬桃木、化生童子、蔡顺拾椹等。这些题材所表达的事物形象生动，构图及表现形式富于变化，寄托着当时人们祈福纳祥、驱邪避恶的美好愿望。

（三）构图及色彩应用

除了装饰技法上的创新和装饰题材的多样选择，河津瓷枕艺术能取得如此高的成就还离不开匠心独运的构图方式及色彩应用。针对不同材质及形制的瓷枕产品，采用不同的装饰方法及构图搭配，以呈现多变的艺术效果。

1.高温八角形枕

枕面装饰方法灵活运用剔花、填彩及画花技法，将剔地露胎、剔地填黑彩、白地黑画花、胎地黑画花及黑地书白彩组合使用，既丰富了枕面装饰效果，又增加了纹样的层次感。枕面的构图表现形式有随枕形整体构图的，纹样满铺枕面，疏朗大方；也有将枕面分隔成三部分，中央为主题纹饰，两侧点缀辅助花纹的，主题明确而又不显单调。其中，以西汉南越王博物馆藏白地填黑荷花舞蝶纹枕最具特色，将剔花露胎、剔花填黑彩、白地黑画花、胎地黑画花四种技法同时呈现于枕面，中央菱形开光内剔地填黑折枝荷花，开光外三角形区域内剔地露胎罩透明釉，釉下黑彩绘舞蝶及草叶纹，两侧边框内绘白地褐彩草叶纹。整个枕面布局紧凑，层次丰富，白、黑、深褐、褐黄交相辉映，荷花的皎白在黑地的映衬下格外凸显，褐黄地的舞蝶及草叶纹又为枕面构图平添几分灵动之感。

2.高温扁圆形枕

此类瓷枕的枕面装饰工艺多采用珍珠地划花，少量用剔花填黑彩。装饰题材分花叶及诗文两类，尤以牡丹花叶常见。该类枕最大的特点在于其枕面构图上，主题纹饰均位于枕面上部半月形开光内，开光下边线做成半月形、连弧云头形或壶门形，呈现双开光枕前留白的效果。这种开光留白的构图方式，一方面使枕面纹样更显灵动俏皮，另一方面也留给使用者进行二次创作的空间。乾隆皇帝御题款瓷枕即为其中的上乘之作，题诗刻于枕前留白处，与珍珠底划刻牡丹纹样相得益彰，既丰富了枕面装饰层次，又赋予其一定的文化意蕴。

3.低温釉陶枕

对色彩的娴熟运用是该类低温枕最主要的工艺成就，透明釉、黄釉、绿釉三种釉色与白色化妆土、砖红色胎地的叠衬使用，呈现出白、黄、绿、赭、黑五色斑斓的装饰效果。枕面的背景用料多为绿釉，罩在砖红色胎地后显墨绿或黑色，以此深色调为背景，能有效地突显主题纹样，且在不同的构图中，其深色背景与主题纹饰搭配显现出不同的意境。例如，在游鱼图中，其浓淡有变化的绿色背景搭配篦划水波纹，使水面的荡漾感溢于枕面；在游凫及荷塘图中，深绿色背景则象征静谧的水面；在吴牛喘月典故中，墨绿色的背景则象征深邃的夜空。除了丰富的色彩表现，枕面构图也是别出心裁，以菱花形、如意头形、卷浪形、圆形、和方形开光展示主题纹样，使纹样的呈现方法更鲜活生动。

三、河津窑现存瓷枕的年代问题

关于这批河津窑高温粗白瓷及低温釉陶枕的烧造年代，学界普遍认为是金代。首先，现有纪年墓葬中出土或带纪年款的河津窑瓷枕产品共有5件，分别是韩城安居寨金代僧群墓出土的墨书"大定十六年七月十一日仁记"（1176年）白地珍珠底牡丹纹圆形枕、稷山马村金墓M6（推断为金代前期，下限不过金大定二十一年，即1181年）出土的白地珍珠底牡丹纹圆形枕[27]、日本静嘉堂文库藏墨书"正隆庚辰"（1160年）款白地珍珠底牡丹纹圆形枕[28]、侯马65H4M102金墓（推断为金章宗泰和年间，即1201～1208年）出土的三彩童子戏莲陶枕[29]、深圳望野博物馆藏墨书"贞祐"（金宣宗年号，1213～1217年）款白地填黑牡丹纹八角枕，5件瓷枕的年代均属金代中晚期。其次，结合固镇瓷窑址F4内与瓷枕产品共生的碗、钵等其他瓷器品类，与相关纪年材料中的同类型器进行对比，烧造时代也初步判断为金代。金代自海陵王迁都燕京，推行了一系列汉化政策，中原地区的政治统治不断稳固，经济也得以恢复和发展。到金世宗、章宗时期（1161～1208年），尤其是大定年间（1161～1189年）其经济发展迎来新的繁荣，是手工业生产飞速发展的顶峰时期，也是金代河津窑瓷业生产的巅峰。至金宣宗贞祐三年（1215年）被迫迁都开封，蒙金战火蔓延至山西、陕西等地，地处河东南路河中府的河津窑场，受战争影响其瓷窑生产便逐渐走向衰落。

四、余 论

关于河津窑金代瓷枕的流通，现已知有明确出土河津瓷枕产品的地点有山西的河津、万荣、芮城、稷山、乡宁、侯马、永济、平陆、运城、绛县，以及陕西的韩城、佳县。现地理区域主要属晋南运城地区及陕西中、北黄河沿线一带，历史区划属金代的河中府、解州、绛州，以及同州、葭州一带。其流通区域主要局限于晋、陕周邻地区。金代生产瓷枕的河津窑场主要沿遮马峪一线分布，遮马峪属黄河一级支流，源自吕梁山南麓乡宁西坡一带，向西南经禹门口汇入黄河，是河津窑产品水运的主要通道。河津瓷枕产品沿遮马峪，经龙门渡、蒲津渡销往陕甘地区，从蒲津渡遗址及蒲州故城遗址出土的河津窑瓷枕标本，是其经蒲津渡口外销的有力证据。

此外，通过笔者对河津地区古瓷窑址的调查，在北午芹、乡宁土圪堆、樊村刘家院也采集到少量瓷枕标本。其中，北午芹为珍珠地划花枕面残片；乡宁土圪堆的瓷枕标本包括剔花填黑彩及珍珠地划花两类，装饰技法及构图方式与固镇窑址出土的同类产品相似，应属同时期产品；刘家院采集的瓷枕为一件圆形枕，枕面微出沿，枕身呈凹曲花边形，上阔下收，枕面半月形开光内划刻莲纹戳珍珠底，器形与固镇金代珍珠地划花扁圆形枕有明显区别，而与《磁枕玄珠》中介绍的介休窑北宋腰圆形枕较接近，但其枕面半月形开光及枕前留白的构图方式与固镇金代扁圆形枕相同，其具体年代还有待进一步考证。综合以上调查材料可知，河津地区烧造瓷枕的窑口不止发掘的固镇瓷窑一处，其剔花填黑彩及珍珠地划花诸类瓷枕是金代河津北部，以及其周邻的乡宁地区窑场最具地域性的特色产品。另外，从河津窑金代瓷枕产品的制作工艺来看，其当时的成型、装饰工艺已十分成熟，结合北午芹、刘家院采集的时代相对较早的瓷枕产品，证明河津地区在金代之前就已生产瓷枕，且其珍珠地划花工艺较剔花、填彩出现早。早期瓷枕多采用珍珠地划花工艺，应是受河南地区窑场的影响，但并未形成自身特色，至金代，在传统工艺的基础上，借鉴磁州窑、当阳峪窑等先进制瓷工艺并加以创新，形成独树一帜的瓷枕艺术奇葩。

（原刊于《山西河津窑研究》，科学出版社，2019年，略作修改）

注释

[1] 孟耀虎：《磁枕玄珠》，三晋出版社，2014年，第74页。
[2] 孟耀虎：《磁枕玄珠》，三晋出版社，2014年，第120页。
[3] 望野：《千年梦华——中国古代陶瓷枕（第二编）》，文物出版社，2010年，第76页。
[4] 望野：《千年梦华——中国古代陶瓷枕》，文物出版社，2008年，第33页。
[5] 望野：《千年梦华——中国古代陶瓷枕》，文物出版社，2008年，第37页。
[6] 孟耀虎：《磁枕玄珠》，三晋出版社，2014年，第110页。
[7] 中国上海人民美术出版社：《中国陶瓷全集28·山西陶磁》，株式会社美乃美，1984年，图92。
[8] 孟耀虎：《磁枕玄珠》，三晋出版社，2014年，第118页。
[9] 孟耀虎：《磁枕玄珠》，三晋出版社，2014年，第196页。
[10] 任喜来、呼林贵：《陕西韩城金代僧群墓》，《文博》，1988年第1期。
[11] 刘彦俊：《馆藏宋金瓷枕撷珍》，《收藏界》2014年第4期。
[12] 望野：《千年梦华——中国古代陶瓷枕》，文物出版社，2008年，第23页。
[13] 孟耀虎：《磁枕玄珠》，三晋出版社，2014年，第154页。
[14] 孟耀虎：《磁枕玄珠》，三晋出版社，2014年，第148页。
[15] 孟耀虎：《磁枕玄珠》，三晋出版社，2014年，第138页。
[16] 望野：《千年梦华——中国古代陶瓷枕》，文物出版社，2008年，第85页。
[17] 孟耀虎：《磁枕玄珠》，三晋出版社，2014年，第144页。
[18] 刘彦俊：《馆藏宋金瓷枕撷珍》，《收藏界》2014年第4期。
[19] 望野：《千年梦华——中国古代陶瓷枕》，文物出版社，2008年，第86页。
[20] 孟耀虎：《磁枕玄珠》，三晋出版社，2014年，第142页。
[21] 望野：《千年梦华——中国古代陶瓷枕（第二编）》，文物出版社，2010年，第82页。
[22] 望野：《千年梦华——中国古代陶瓷枕（第二编）》，文物出版社，2010年，第82页。
[23] 秦大树：《白釉剔花装饰的产生、发展及相关问题》，《文物》2001年第11期。
[24] 秦大树、李鑫：《卡尔贝克的"焦作窑"——当阳峪窑研究史与窑业特征驳议》，《中国当阳峪窑》，中国华侨出版社，2011年，第224页。
[25] 秦大树、李鑫：《卡尔贝克的"焦作窑"——当阳峪窑研究史与窑业特征驳议》，《中国当阳峪窑》，中国华侨出版社，2011年，第224页。
[26] 彭善国、高义夫：《所谓辽代白釉划花黑彩瓷器的年代及相关问题》，《故宫博物院院刊》2018年第5期。
[27] 山西省考古研究所：《山西稷山金墓发掘简报》，《文物》1983年第1期。
[28] 刘涛：《宋辽金纪年瓷器》，文物出版社，2004年，图3-19。
[29] 山西省考古研究所侯马工作站：《侯马65H4M102金墓》，《文物季刊》1997年第4期。

西汉南越王博物馆藏
河津固镇瓷窑址瓷枕考

何东红

（西汉南越王博物馆）

　　三晋大地借石炭存量之足和广泛使用，窑火得炽烈绵延千年。从早期的黏土陶到唐宋炻器，历经唐、宋、辽、金达到鼎盛，山西作为中国古代窑业最发达的地区之一，可见于历史文献记载的就有30多个县烧过窑器。晋南，位汾河下游，北靠韩信岭，与晋中、吕梁接壤；东依太岳山、中条山，与长治、晋城市为邻；西、南隔黄河与秦豫相望。傍山依水、富集瓷土矿，仅晋南地区就发现有交城窑、介休窑、临汾窑、霍县窑、河津窑、汾西窑、赵城窑、隰州窑等10余处古窑址。20多年前，香港杨永德伉俪向西汉南越王博物馆（以下简称我馆）捐赠了201件古代瓷枕，当中30余件瓷枕鉴于当时资料贫乏，难以准确地判断它们的烧造窑址，只能大致将它们划分为山西晋南窑场的产品，更有个别定为磁州窑的器物。同类的瓷枕在国内外等地的公私收藏中均有，同为烧造地不确定。

　　2016年3月至9月，山西省考古研究所、河津市文物局对固镇瓷窑址进行抢救性发掘。固镇瓷窑址位于河津市樊村镇固镇村，地处吕梁山南麓、清涧沿岸。这次发掘选取了北涧疙瘩、上八亩和下八亩三个地方进行，清理出4处制瓷作坊、4座瓷窑炉等相关制瓷遗迹，出土完整及可复原瓷器1000多件，数以万计的瓷片、窑具等[1]。北涧疙瘩发现瓷窑炉、制瓷作坊各1座，产品以细白瓷为主，器型以碗、钵、盏等小型器类为主，年代为北宋。上八亩和下八亩都出有碗、盆、钵等日用瓷器，以粗白瓷为主，年代为金代。此外，最引人注目的是在上八亩四号作坊出土的瓷枕及枕残片，出土有剔花填黑、珍珠地划花及三彩花卉纹六角形的瓷枕，其采用的装饰技法是目前在河津窑发掘的其他瓷窑中没出现过的[2]，无论是造型还是装饰技法、枕面纹饰布局均独具特色，且制作工艺水平达到空前的高度。

　　本文就固镇瓷窑址四号作坊出土的枕类器物的胎釉、造型特征和装饰技法、题材与我馆一批与之相似的藏枕作个类比，以此来为这类瓷枕的烧造地、烧制时间寻找有力的佐证。

图1 金 剔花填黑荷花纹八角形枕枕底
西汉南越王博物馆藏

图2 金 珍珠地刻牡丹花纹腰形枕枕底
西汉南越王博物馆藏

一、胎釉及造型特征

固镇瓷窑址四号作坊出土瓷枕分高温釉、低温釉两类。高温釉枕分八角形和腰圆形两种。发掘的八角形枕的枕身由八个面粘接而成，可复原的一件为褐胎，质粗且坚硬。白釉泛黄，平底，枕底有流淌的化妆土。前低后高，枕面弧凹出沿，枕墙较直，枕身中阔下窄，右侧枕墙中部1透气孔。长55、宽22.8～23.8、前高9.8、后高12厘米[3]。另有3件残件，黄白或灰黄胎，质或粗或细均坚硬，釉色泛黄。白化妆土盖到底，底部露胎有不匀的白化妆土残留，局部有垂釉痕迹。我馆藏有此类枕共13件，个体均较大，长度在40～45厘米间。胎或粗或细、多施透明釉。八角形的器型，枕面出沿，枕墙八面向下内收。枕面及枕墙遍施白化妆土，底平坦，露胎，白化妆土和釉流到底。一个透气孔，均在枕的右侧中部。胎、釉、型与窑址发掘标本如出一辙。腰圆形枕出土有珍珠地划折枝花叶纹腰形枕[4]，黄白胎，质细密坚致。枕面微凹。施透明釉，有细开片。枕墙可见旋坯痕，枕底边缘有三处支垫痕。白妆土及釉盖至枕底。右枕墙中央有一透气孔。我馆藏珍珠地划花腰形枕4件，体形相差无几，白或黄白胎，均细而坚。枕前低后高，枕面内凹。面及周壁遍施白化妆土罩透明釉。透气孔均在枕墙右侧靠上部。底凹凸不平，满布白化妆土及釉。高温一类枕的底部无论是窑址所出或我馆所藏，底部流淌有白化妆土和釉水，是这类枕的共同特点（图1、图2）。

低温釉枕在窑址仅发现一件六角形三彩枕[5]。残存一半，红褐色胎，质粗疏。枕前低后高，面微内凹。枕墙粘接处有竹节形柱加固。枕面一周在化妆土上涂黄彩，框内纹饰施白、绿、黄釉，枕墙施绿釉。器物通体有玻璃质感，有细开片。枕背靠上中央有一透气孔。白化妆土盖到底。我馆藏此类枕14件，浅褐或深红色的胎，三彩釉，一透气孔在背面中央上部，底平坦，留有白化妆土或釉流淌痕。从现存国内外藏品情况可见，此类低温釉枕的造型极为丰富多样，除六角形外，还有三瓣花形、方角元宝形、八角形、曲体长方形。

二、装饰技法及题材

固镇瓷窑址出土瓷枕装饰的位置都在枕面，有剔刻、填彩、绘画、书法、印花及珍珠地的装饰技法。题材以花卉、草叶及诗文为主。当中剔花填黑彩和珍珠地划花壸门开光留白是该窑最具特色的装饰技法，艺术水平甚高。

剔花填黑彩工艺在当阳窑、磁州窑及赤峰缸瓦窑均有发现，虽然它们的装饰效果相近，但各自在装饰技法上又有不同。磁州窑开创了白釉剔花技法，始于北宋初期，盛于北宋后期，并一直沿用至元。磁州窑的剔、划花填彩工艺包含黑剔花及划花填黑彩，但其产品并不多。黑剔花是在白化妆土之上，在局部或全部施一层黑彩，然后划刻花纹，将花纹之外的黑彩剔去，但不伤及白化妆土层[6]，属先填彩后剔刻的手法。划花填彩是在施有白化妆土的器物表面划出花纹，再在花纹内或花纹外的部分填以黑彩。当阳峪窑剔、划花填彩工艺包括有黑剔花和黑剔花刻填。黑剔花与磁州窑同类技法相似。黑剔花刻填是指在器物表面施白化妆土后，即划刻出主花纹及其细部，施黑彩后沿主纹的轮廓剔去黑彩，原来划刻处的纹饰仍保留黑彩，属黑剔花装饰与划花填彩工艺相结合，制作上更为复杂且精美[7]。赤峰缸瓦窑的白釉划花黑彩器，同样在器物上施一层白色化妆土，在其上划出花纹轮廓后，再篦划了叶脉及花筋，划痕深至胎地。在花纹隙地的化妆土上施黑彩，再罩透明釉。此3处窑址的装饰手法以划花填黑彩和黑剔花为主，均保留白化妆土。划花填黑彩为先划后填，而黑剔花为先填后剔。河津窑枕面的剔花填黑彩是一种将剔花与填彩相结合的装饰技法。它的剔花填黑彩技艺娴熟，特色鲜明，其工艺步骤是先在枕面及枕墙施一层白色化妆土，以剔刻、划刻的方法剔刻出花纹。剔及胎地后用黑彩填充剔地部分，然后罩上一层透明釉，白如脂，黑似漆。当阳峪窑开创了剔花填彩技法[8]，固镇瓷窑工匠对该技法加以改进，大量用于枕面装饰。

根据固镇瓷窑址出土器物及瓷片标本，在枕面上运用剔花填彩装饰技法有两种展示方式。一种是以剔地填黑留白满布枕面展示。窑址发掘有剔花填黑彩折枝牡丹纹八角形枕和剔花填黑彩荷花纹八角形枕（图3、图4）。以剔花填黑彩折枝牡丹纹八角形枕为例，枕长55、宽22.8～23.8、后高12厘米。枕面随形开光框内剔刻一折枝牡丹，花朵饱满，层叠排列，两侧各饰一朵含苞待放的小牡丹，叶片肥厚。剔地部分填以黑彩，黑白相映，疏朗大方。我馆藏2件剔花填黑牡丹纹八角形枕及1件剔花填黑荷花纹八角形枕也是采用这种剔地填黑留白手法来展示主纹饰。以剔花填黑牡丹纹八角形枕为例（图5），枕长43.8、宽19、后高11.2厘米。枕面单线随形开光，框内中心剔硕大的牡丹花，枝叶饱满左右延伸，布满整个枕面，在剔花图案的外部填入黑彩，形成黑白对比的反差效果。另一种则是在枕面随形开光框内竖向双线分隔出三个区域。固镇瓷窑址出土的剔花填黑牡丹纹八角形枕（图6），枕残长33、残宽20.5、后高10厘米，在2/3残件上可见，枕面上划随形双线竹节状框，框内划双线分隔成三个装饰区域，中区为剔刻折枝牡丹

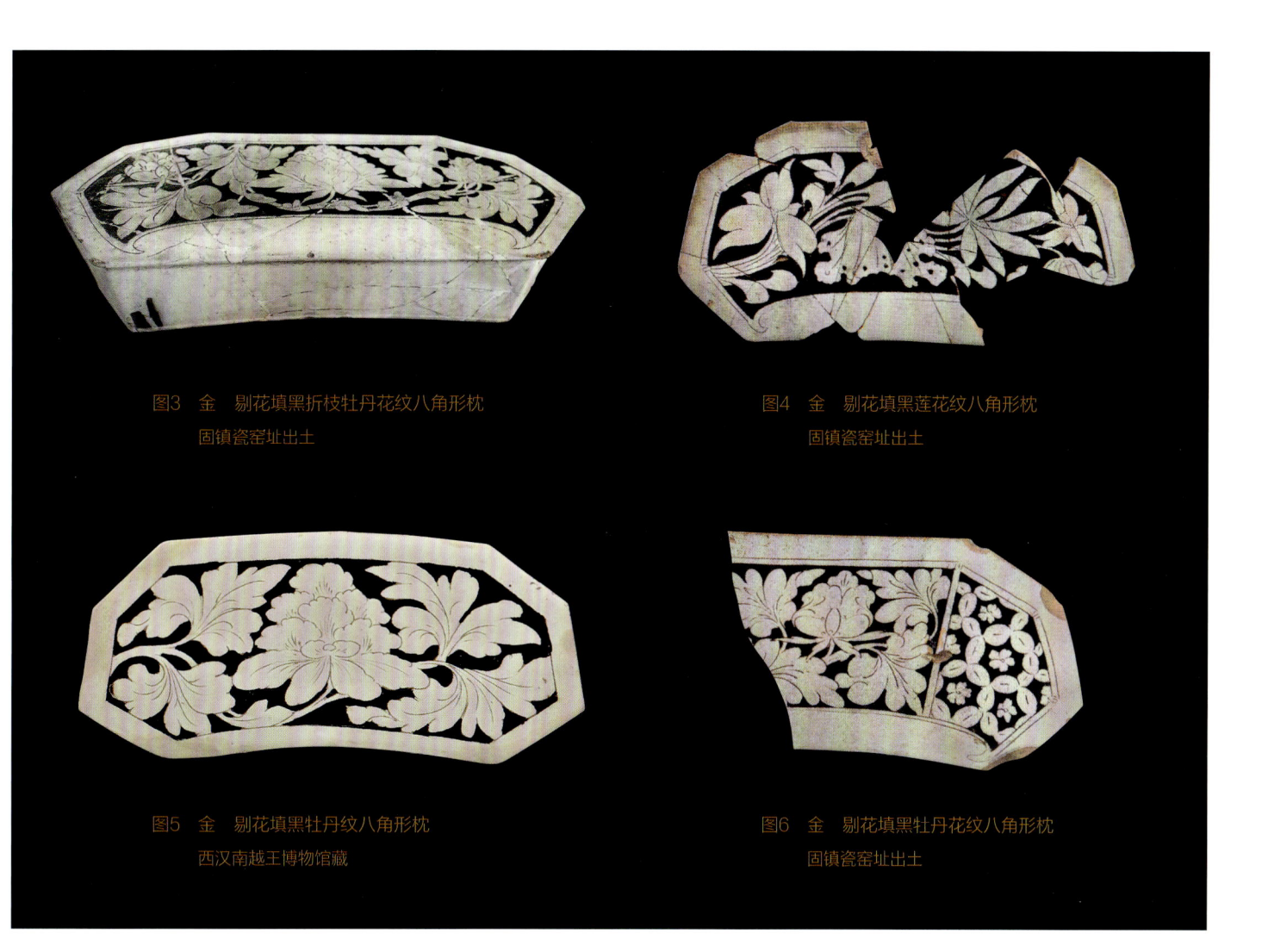

图3　金　剔花填黑折枝牡丹花纹八角形枕
固镇瓷窑址出土

图4　金　剔花填黑莲花纹八角形枕
固镇瓷窑址出土

图5　金　剔花填黑牡丹纹八角形枕
西汉南越王博物馆藏

图6　金　剔花填黑牡丹花纹八角形枕
固镇瓷窑址出土

纹，残存右侧区域剔串钱朵花纹。采用剔地填黑手法，填彩呈酱褐色。我馆有8件采用此构图形式的八角形瓷枕，它们的题材包括有荷花，狮子戏球及婴戏纹。例如剔花填黑持荷娃娃纹八角形枕（图7），枕长41、宽18.2、后高10.3厘米，枕面中央菱花双线开光剔持荷娃娃，左右剔折枝花叶，地均填黑彩，黑白相间，色调反差对比明显，颇显视觉立体感。又如白地剔花填黑荷花纹八角形枕（图8），枕长44.8、宽20.5、后高11.2厘米，八角形，前低后高，出沿。褐灰白色胎，白化妆土盖至底部，施灰褐色透明釉，有细开片。枕墙前右侧中央上部有1透气孔。枕面分隔三个区域，中区以剔地留花手法展示折枝荷花，左右两旁剔肥大的卷叶，剔地部分均填黑褐彩。这类枕面开光处均采用剔花填黑手法。此外，还有一类是剔花填黑彩与白地黑（褐）画花技法相结合的装饰手法。同样枕面分三个区域，中心区域以几何形或花边形开光，内剔主纹饰，剔地处填黑彩。区别在于左右侧边栏内只在白地上用黑（褐）彩绘花卉纹，衬托主题，更具装饰效果。如我馆藏剔地填黑荷花纹八角形枕（图9），枕长44.8、宽18.9、后高10.8厘米，枕面分隔三个区域，边线为竹节形纹，中区菱形开光内白地填黑剔荷花，四角三角形内以

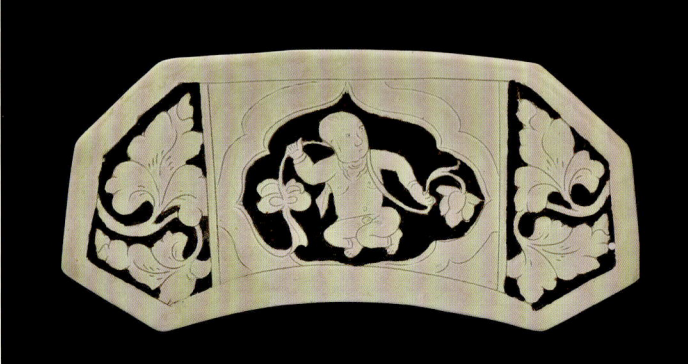

图7　金　剔花填黑持荷娃娃纹八角形枕
西汉南越王博物馆藏

图8　金　白地剔花填黑荷花纹八角形枕
西汉南越王博物馆藏

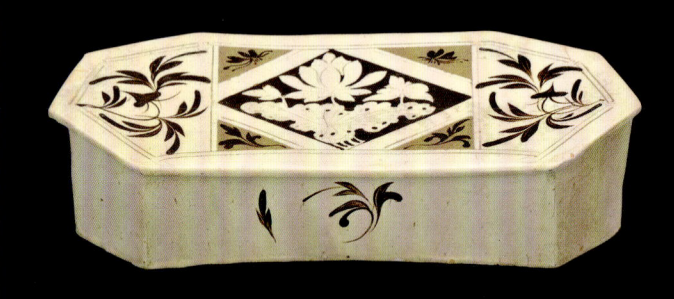

图9　金　剔花填黑荷花纹八角形枕
西汉南越王博物馆藏

图10　金　白地剔花填黑"福"鹿纹八角形枕
西汉南越王博物馆藏

露地褐彩花蝶纹点缀，左右框内辅以白地褐彩花卉装饰，黑白主色调的对比及采用褐色彩绘，整体形成多层组合的交叉衬映效果。在一件作品上运用剔地黑花、剔地填黑留白、白底黑花三种技法，使得这种艺术的效果达到了完美的境界。又如我馆藏白地剔花填黑"福"鹿纹八角形枕（图10），枕长42.3、宽19.4、后高10.8厘米，枕面分隔三个区域，中心区域如意形开光内剔"福"字及衔花鹿，地填黑褐彩，左右两旁褐彩绘花草纹。枕面中心区域剔刻主题纹饰，剔地处填黑彩。左右边栏白地上用黑褐彩绘花卉纹，以衬托主题。这种采用剔花填黑彩与白地黑褐画花相结合的手法，不仅丰富画面的层次结构，而且令画面感更强。

诗文是金代瓷枕主要装饰题材之一，固镇瓷窑址出土有3块文字枕面残片[9]，均为枕面开光内剔地填黑，蘸白化妆土书写诗文（图11）。两件残片仍可见枕面分隔出三个区域，其中一件残片稍大，枕面开光线框内填黑彩，以竖向双线分隔枕面，中央内蘸白

图11　金　剔花填黑文字枕残片
固镇瓷窑址出土

图12　金　剔花填黑"峯前明月照藤床，窗内清风生石枕"诗文八角形枕
西汉南越王博物馆藏

图13　金　白地黑褐彩花草纹枕面残片
固镇瓷窑址出土

图14　金　白地黑褐彩花草纹器
固镇瓷窑址出土

化妆土书写诗文，可见"落地"二字，两侧为剔地留白的卷草纹。我馆藏白地剔花填黑诗文八角形枕（图12），枕长43、宽18.6、后高11.2厘米，枕面剔地填黑彩分隔成三个区域，左右两侧剔地留卷草纹，中心长方形框在黑地上蘸白化妆土书七言联"峯前明月照藤床，窗内清风生石枕"。还有一种黑褐画花装饰技法，发掘出土的碗、盘、器盖、枕等器物上装饰图案是直接用黑褐彩绘画在白釉上，画花题材以草叶纹和诗文多见，呈黑褐色或赭色（图13、图14），其绘画特征是草叶的叶脉纤细、浓淡相宜，草叶三笔绘就，叶边线稍深，呈现中间色浅、叶边色深的效果，极具立体感。我馆收藏的2件诗文枕（图15、图16），均采用白地黑褐画花技法。如白地黑褐彩开光诗文八角形枕，枕长42.5、宽19、后高12厘米，枕面随形竹节纹开光，内以竖向双线分隔三区域，两侧黑褐彩画草叶纹，中区黑褐彩书"松下问童子，言师采药去。只在此山中，云深不知处"。草叶纹笔法自然流畅，枕面书法的洒脱，给我们展示了书者深厚的书法功底。

固镇瓷窑址仅发掘出一件六角形三彩枕残件，为剔花填黑与印花技法相结合。枕面一周在化妆土上涂黄彩，阴勾线作边框，框内以白、绿、黄三色搭配牡丹花叶，色彩对比鲜明。枕墙模印菱格锦纹，六角形凸棱加固边线，残长17.9、宽12.9、后高8.8厘米（图17）。我馆藏三彩剔花填黑莲花纹三瓣花形枕（图18），枕长23.6、宽11、后高7.8厘米，三瓣花形，浅红褐色胎，白化妆土盖至底部，施三彩釉。背面中央上部有1透气孔。枕面线框内运用减地的手法，留荷花纹。花枝荷叶和减地部分填绿釉，因枝叶下面有白化妆土的衬托，显示出翠绿色，而减地部分红褐色胎和绿釉相叠，形成深绿近黑褐色，荷花则罩以淡黄透明釉。枕墙模印棱格锦纹。工艺的简单处理实现了多种釉彩色泽的变化，河津固镇瓷窑址工匠手艺之高由此可见一斑。我馆现藏14件此类枕，其装饰技法均为剔刻枕面化妆土至露出红砖胎，主纹饰明显高于地子。纹饰包含花卉、动物、娃娃及书法等。枕墙上模印的菱格锦纹大同小异。色彩的应用十分熟练，有绿、黑、黄、白、赭等多种色彩。流畅简洁的线条和活泼的多种釉彩色泽变化，成就了这类低温枕的成熟与完美（图19~图22）。

固镇瓷窑址出土的珍珠地划折枝花叶纹腰形枕（图23），枕面长23.6、枕底长19.2、后高8.5厘米。枕面阴勾双线边栏，形成月牙形开光，前留白。开光内划折枝牡丹花，花卉图案外印排列紧致的珍珠地纹，珍珠纹呈圆形，截印是单侧触地再整印，呈一侧深，一侧浅。主题纹饰刻划深至露胎，珍珠地则浅，不作填色粉，直接施透明釉，线条呈棕

图15　金　白地黑彩诗文八角形枕
西汉南越王博物馆藏

图16　金　白地黑褐彩诗文八角形枕
西汉南越王博物馆藏

图17　金　三彩剔花填黑牡丹花纹六角形枕
固镇瓷窑址出土

图18　金　三彩剔花填黑莲花纹三瓣花形枕
西汉南越王博物馆藏

图19　金　三彩剔花填黑"晋官封侯"纹三瓣花形枕
西汉南越王博物馆藏

图20　金　三彩剔地填黑花鸟纹三瓣花形枕
西汉南越王博物馆藏

图21　金　三彩剔花填黑哪吒纹三瓣花形枕
西汉南越王博物馆藏

图22　金　三彩剔花填黑虎纹三瓣花形枕
西汉南越王博物馆藏

图23　金　珍珠地划牡丹花纹腰形枕残片
固镇瓷窑址出土

图24 金 珍珠地划花卉纹瓷器残片
蒲州故城出土

图25 金 珍珠地刻牡丹花纹腰形枕
西汉南越王博物馆藏

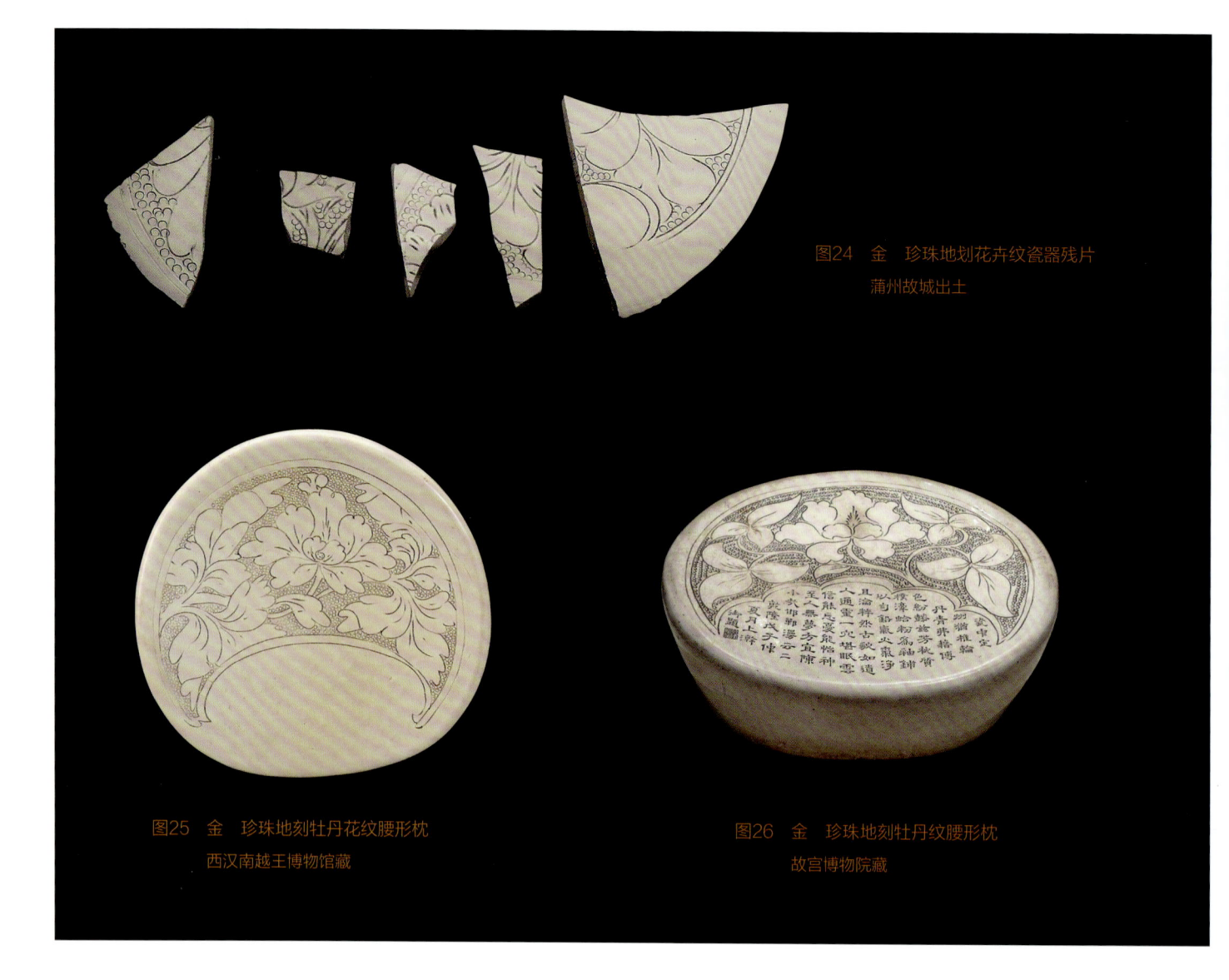

图26 金 珍珠地刻牡丹纹腰形枕
故宫博物院藏

褐色。此外，在蒲州故城亦出土有类似的残片（图24）。我馆收藏有4件此类枕，以珍珠地划折枝牡丹纹腰形枕为例（图25），枕长32.2、宽30.6、后高13.4厘米，枕面腰圆形，右侧枕墙靠上处有一透气孔。枕面壶门开光，下部显出近椭圆的空白部分。开光内刻划折枝牡丹纹，枝叶两侧伸展，花卉线条俊朗，造型生动。花卉图案外珍珠圈密布如鱼子，无填嵌。此类珍珠地划花腰形枕共同特征是在枕面留白及壶门开光。故宫博物院藏有一件类似的枕器（图26），枕长33.8、宽30、后高12.5厘米。枕面留白处刻有乾隆皇帝的御题诗："瓷中定州犹椎轮，丹青弗藉傅色纷……至人无梦方宜陈，小哉邯郸漫云云。"句末署"乾隆戊子仲夏月上瀚御题"，显然，此为清宫旧藏。由诗文可知乾隆皇帝认为此枕是定窑所产。而我馆收藏的4件此类瓷枕（图27~图29）在固镇瓷窑址珍珠地划花枕残片出土前，既有纳入磁州窑的，也有定作山西晋南地区产品的。珍珠地椭圆留白，在国内其他窑址中均未发现，固镇瓷窑址出土的珍珠地划花枕残片明确了我馆乃至国内外一批枕面珍珠地划花留白及壶门开光的瓷枕烧造地就是河津固镇窑。

图27　金　珍珠地划牡丹纹腰形枕
西汉南越王博物馆藏

图28　金　珍珠地划莲花纹腰形枕
西汉南越王博物馆藏

图29　金　珍珠地划折枝牡丹纹腰形枕
西汉南越王博物馆藏

三、生 产 年 代

我馆收藏的此类瓷枕在当年断代上有定为金、元时期的，也有个别定为宋。剔地填黑、珍珠地划花或低温三彩釉枕都能在墓葬出土或馆藏同类纪年产品中找到造型、装饰工艺及题材均与之相近的瓷枕。深圳望野博物馆藏一件剔花填黑牡丹纹八角形枕，墨书"贞祐"纪年[10]，山西侯马65H4M102金墓出土低温三彩童子戏莲六角形枕[11]，陕西韩城安居寨金代僧群墓出土的珍珠地划花腰圆枕[12]，枕底墨书"大定十六年七月十一日仁记"。此外，固镇瓷窑址四号作坊出土的白瓷钵、黑釉瓷灯盏等器物都能在已发掘的金代墓葬中找到相近的器物。而且，四号作坊的出土遗物，在器类、形制、工艺及胎釉上并无明显的演变规律，可见废弃堆积形成的年代比较相近[13]。由此推断，固镇瓷窑址四号作坊所出及博物馆所藏的同类瓷枕均属金代中晚期。

四、结　语

西汉南越王博物馆藏高温剔花填黑八角形枕、珍珠地划花腰形枕及低温剔印三彩枕，通过与其他博物馆收藏的同类纪年产品、相关纪年墓葬和瓷窑址出土瓷枕的对照，确定它们的烧造年代均属金代中晚期。

此类瓷枕存世量大，在国内外均有发现。在河津固镇瓷窑址发掘前，剔花填黑八角形枕、低温三彩枕多只归属为晋南地区的产品，并没有明确的烧造地。珍珠地划花枕则多被认为是磁州窑、登封窑、密县窑一带产品。固镇瓷窑址四号作坊出土的金代剔地填黑彩瓷枕、珍珠地划花枕及低温剔印三彩枕与国内外收藏的同类枕，无论是胎釉、造型还是装饰工艺等均可一一对应。该窑址的发现和发掘,明确了国内外同类瓷枕文物的烧造窑口就是河津固镇窑,它为这些古珍品找到了"根",还历史于真实。

河津固镇窑瓷枕在器型、装饰上独具特色。其造型不拘一格,八角形枕的个体较大,长度多在40厘米以上,个别达50厘米,且器型规正。低温釉枕的造型更是丰富多彩,有六角形、三瓣花形、方角元宝形、八角形、曲体长方形等。制作工艺及装饰技法借鉴了当阳窑、磁州窑等周边窑口的先进技艺,创新了剔花填黑技艺,黑白反差强烈,层次分明,具有艺术感染力。而且,还结合白地黑花技法来装饰枕面,黑褐绘画简单,线条流畅活泼,手法完美娴熟。黑白反差的对比及个别题材褐、赭色的运用,丰富了枕面的装饰层面,使得这种艺术效果达到了完美的境界。蘸白化妆土直接在枕面上的书法,经历烈焰窑火,走过千百年,为我们显现出艺人高超的笔墨技巧和文化艺术素养。珍珠地月牙形或壶门开光、枕前留白,在同期众多瓷枕产品中更是独树一帜。如此独特的装饰工艺和造型上的创新和突破,共同造就了河津固镇窑瓷枕的艺术成就,不愧是金代瓷枕艺术的巅峰代表。

(原刊于《文物天地》2019年第9期,略作修改)

注释

[1] 山西省考古研究所、河津市文物局:《山西河津市固镇瓷窑址金代四号作坊发掘简报》,《考古》2019年第3期。
[2] 山西省考古研究所、河津市文物局:《山西河津市固镇瓷窑址金代四号作坊发掘简报》,《考古》2019年第3期。
[3] 山西省考古研究所、河津市文物局:《山西河津市固镇瓷窑址金代四号作坊发掘简报》,《考古》2019年第3期。
[4] 山西省考古研究所、河津市文物局:《山西河津市固镇瓷窑址金代四号作坊发掘简报》,《考古》2019年第3期。
[5] 山西省考古研究所、河津市文物局:《山西河津市固镇瓷窑址金代四号作坊发掘简报》,《考古》2019年第3期。
[6] 秦大树、李鑫:《卡尔贝克的"焦作窑"——当阳峪研究史与窑业特征驳议》,《中国当阳峪窑》,中国华侨出版社,2011年。
[7] 秦大树、李鑫:《卡尔贝克的"焦作窑"——当阳峪研究史与窑业特征驳议》,《中国当阳峪窑》,中国华侨出版社,2011年。
[8] 秦大树:《白釉剔花装饰的产生、发展及相关问题》,《文物》2001年第11期。
[9] 山西省考古研究所、河津市文物局:《山西河津市固镇瓷窑址金代四号作坊发掘简报》,《考古》2019年第3期。
[10] 望野:《千年梦华——中国古代陶瓷枕(第二编)》,文物出版社,2010年。
[11] 山西省考古研究所侯马工作站:《侯马65H4M102金墓》,《文物季刊》1997年第4期。
[12] 任喜来、呼林贵:《陕西韩城金代僧群墓》,《文博》1988年第1期。
[13] 山西省考古研究所、河津市文物局:《山西河津市固镇瓷窑址金代四号作坊发掘简报》,《考古》2019年第3期。

古陶瓷枕杂记

张玉文

（上海大学）

东汉许慎的《说文解字》："枕，卧所荐首者。"[1]即说枕是躺卧时垫头的用具，应该是今天"枕头"一词的称谓起源。枕头就材质来分，包括石枕、玉枕、水晶枕、陶瓷枕、铜枕、银枕、木枕、竹枕、藤枕、漆枕、布枕等。各种枕头均在考古发掘或实际生活中获得了实证，这里只对陶瓷枕进行记述，内容包括陶瓷枕出现的最早时代、生产地域及功用等的补记，举例几方有趣的陶瓷枕和河津窑陶瓷枕拾遗等几个方面，以期对陶瓷枕的资料和研究起到补遗、明辨之用。

一、出现的最早时代

目前，根据文献资料和学界观点，关于陶瓷枕出现的最早时代共有三种说法：一是隋代，二是唐代，三是隋代之前。

陶瓷枕起始于隋代是目前的主流说法，主要的考古依据是河南安阳发掘的隋开皇十五年（595年）张盛夫妇合葬墓（纪年墓）出土的一方青瓷枕模型[2]。该墓发掘于1959年5月，出土随葬品192件，其中的生活用具模型包括陶质的井、灶、磨、碾、房屋、靴、履，瓷制的水桶、剪刀、案、凭几、烛台、棋盘、凳、兽座和瓷枕，现藏于河南博物院。部分瓷质日用器物模型如图1-1所示，标注14号的藏品为一青瓷枕模型（图1-2），长3.9、宽2.3、高2.4厘米，枕面凹下、两端翘起的银锭形，应为河南相州窑青瓷产品。多数人认为既然陪葬模型中有瓷枕，现实生活中也应该有对应的实用器物，故认为最早的瓷枕起源于隋代。还有一些人认为这方瓷枕模型不是实际生活中实用意义上的枕头实物，陪葬的青瓷枕模型有可能对应当时生活中其他材质的枕头，比如石枕，这不是最早的瓷枕起源于隋代的充分证据。实际上，郑州大象陶瓷博物馆就藏有一方青瓷长方枕（图2），是隋代相州窑的产品，枕长13、宽12、高7厘米。这是现实生活中可实用的瓷枕实物，也表明隋代已经出现可实用的陶瓷枕，只是该方枕缺少考古意义上的明确纪年或断代依据。

图1 河南安阳张盛夫妇合葬墓出土的青瓷枕模型

图2 郑州大象陶瓷博物馆藏隋代青瓷枕

认为陶瓷枕最早起始于唐代的考古依据是唐武周圣历元年（698年）独孤思贞墓（纪年墓）出土的彩釉小枕。根据考古报告[3]，独孤思贞墓发掘于1956年6月，出土器物180余件，仅甬道和墓室被扰乱，两壁龛内器物未遭破坏。资料说独孤思贞墓的出土器物现藏于陕西历史博物馆，但在该馆未看到相关出土实物的展出。据考古报告，墓的西壁龛内放置陶俑及其他明器等共60件（图3-1），其中标号72的器物为陶灶（图3-2），"灶呈长方形，质为橙黄色釉陶，灶面及周围四壁均在陶胎上印有花形纹饰；灶上置釜，釜与灶连在一起不能移动；灶的一端开有灶门，上有火墙为阶梯形，但无烟囱等；灶高9、长11.5、宽8.7厘米"[4]。根据图片分析，此陶灶应由瓷枕改造而成，灶门和放釜的孔都不规整，明显是后改造的。根据对灶的描述，改造前的瓷枕和西安韩森寨唐墓出土的黄釉长方陶枕（图3-3）一样。

对中国古陶瓷研究较早的日本东京大学的三上次男[5]、日本文化史研究学者矢野

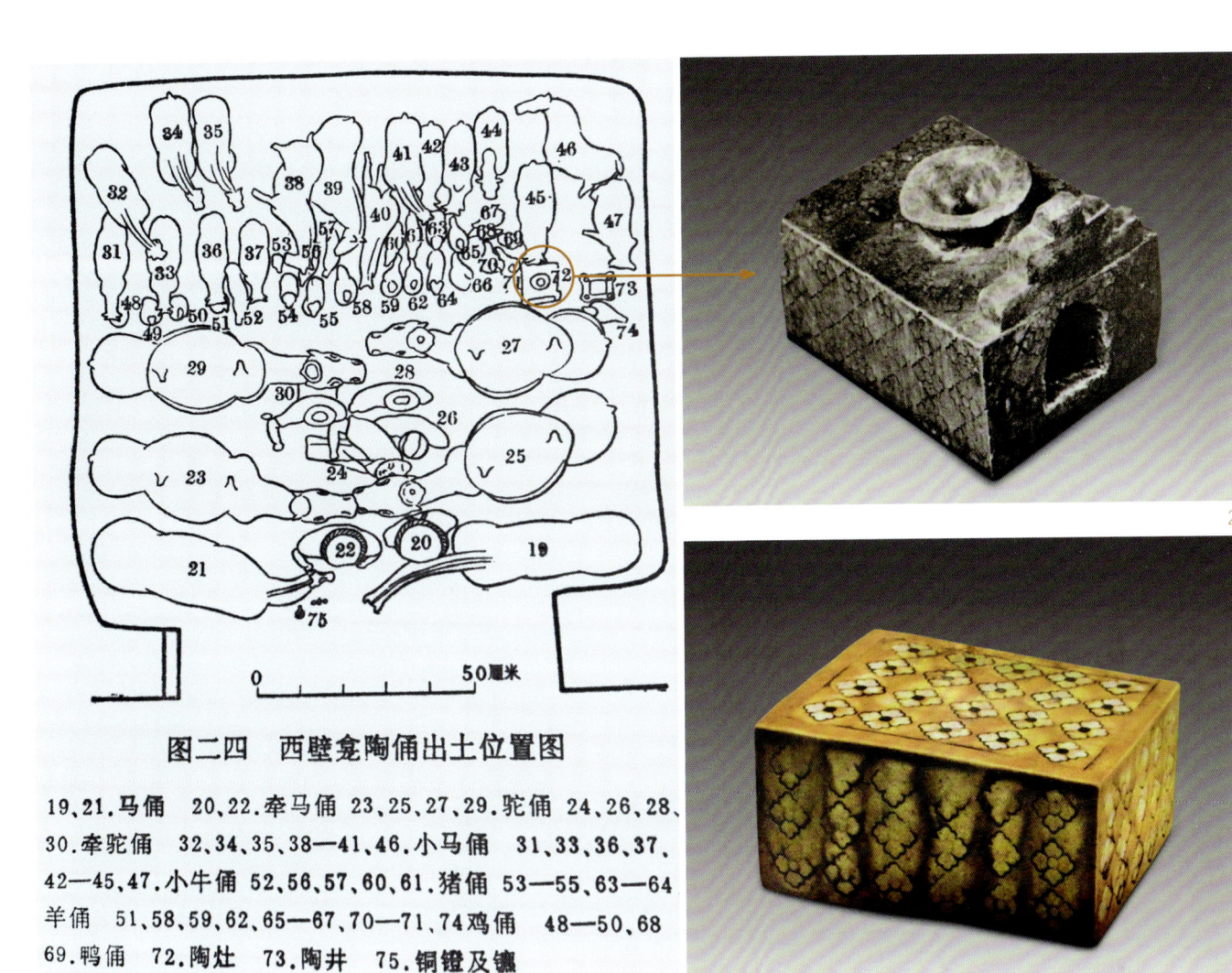

图3 独孤思贞墓出土的陶灶和西安韩森寨唐墓出土的黄釉陶枕
图3-1、图3-2采自《唐长安城郊隋唐墓》，图二四、图版五八-1；图3-3采自《枕林拾遗》，图59

宪一[6]、磁县文物保护管理所的张子英[7]、南京博物院的宋伯胤[8]、杭州的民间收藏团体"清雅集古"[9]等在其著作中均持古陶瓷枕最早出现于唐代的观点，具有一定的影响力。

根据考古资料，陶瓷枕具在隋代之前已经出现。2006年5～10月，为配合南水北调工程，郑州大学历史学院考古系对河南新乡市老道井墓区进行了发掘，清理战国墓93座，其中的M109墓出土陶枕一件（图4）。该陶枕呈长四方台体，枕面两端隆起，端头无壁、中空，侧壁和枕面镂雕有不同的几何图案，长27.4、宽12.8、枕面高13.2、通高14.8厘米[10]。据考古资料，此陶枕年代确定为战国晚期，但未说明在墓葬中的具体放置位置。这种形制和同时期的玉枕、石枕类似。

1996年，四川广汉市罗家包东汉墓M4经发掘出土了残的绿釉陶枕一方（图5，原发掘简报中只有其线图，无实物图片），手制夹砂红陶、火候较高，长方形、中空，枕

图4 河南新乡老道井战国墓M109出土陶枕
采自《河南新乡市老道井墓地战国墓发掘简报》，图版一〇-3

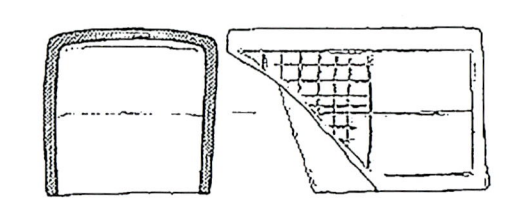

图5 四川广汉市罗家包东汉墓M4出土的绿釉陶枕
采自《四川广汉市罗家包东汉墓发掘简报》，图三二-2

面、侧面施划纹及绿釉，残长14、宽9.3、高9.1厘米[11]。由于墓盗扰严重，未标明出土位置。

另外，江苏南京市雨花台区东前村东晋墓出土青瓷枕[12]、湖北省随州市西城区六朝墓M1出土陶枕[13]也有考古报道，但均未找到相关枕的图片。

根据文献梳理，中国古陶瓷枕发展演变的基本脉络规律：

① 可能始于隋：数量很少，器型装饰简单。

② 发展于唐、五代：逐渐量产，造型以长方体箱形和兽座枕为主，尺寸较小，一般在20厘米以下。

③ 繁盛于两宋、金、元：产地遍及我国南北，造型丰富（几何形枕、兽形枕、建筑形枕、人物形枕等），尺寸趋大（最大长度超过50多厘米），装饰技法多样（刻、划、剔、印、堆塑等技法），装饰题材纷呈（人物山水、花鸟虫鱼、珍禽瑞兽、童婴嬉戏、历史故事、村野乡俗、诗词歌赋等），极大丰富了艺术性。

④ 式微于明清：生活习惯的改变，逐渐退出历史舞台。

陶瓷枕作为古陶瓷的一个种类，其发展规律和中国古陶瓷的整体发展趋势是一致的。陶瓷枕繁盛于宋金元时期，宋金元也是中国古陶瓷发展的黄金时期。借用大阪市立东洋陶瓷美术馆馆长出川哲郎在《宋磁の美》序言中所述，北宋、南宋、金是中国陶瓷的黄金时代[14]。这几个时代生产的瓷器被统称为宋瓷。五代时期，瓷器在中国各地生产和发展开来，且展现着不同的特征；北宋时期，生产技术的革新直接导致了产品的精细化分工；南宋至金时期，分配制度的变革再一次促进了瓷器的生产。此时，瓷器的生产已俨然成为一项大产业，无论在数量还是质量上都达到了顶峰。随着瓷器生产窑口的增加，各地窑口纷纷竞争，不断改善生产工艺，力争生产出新颖并有吸引力的产品来赢得市场。

二、生 产 地 域

中国古代陶瓷窑址分布广泛，中东部从北向南几乎每个省份均有陶瓷窑址存在，最为集中的是河南、山西和河北一带，可以说是陶瓷窑址星罗棋布，遍地开花[15]。根据考古资料，诸多窑场均有陶瓷枕的生产，从北向南包括内蒙古自治区的缸瓦窑，辽宁省的江官屯窑，北京地区的龙泉务窑，河北省的定窑、邢窑、磁州窑和井陉窑，山西省的诸窑场，山东省的淄博窑，河南省的诸窑场，陕西省的耀州窑，安徽省的萧窑、寿州窑和宣州窑，湖北省的马口窑，浙江省的越窑，江西省的吉州窑和景德镇窑，湖南省的长沙窑，福建省的茶洋窑、福清东张窑、三明珠山窑等，广东省的西村窑、雷州窑、笔架山窑、石湾窑等。宋金时期，北方山西省、河南省、河北省和山东一带陶瓷窑业最为发达，所以在后世遗存的古陶瓷枕中也以这些区域窑口的实物资料数量最多、最为丰富多彩。

三、用　　途

根据相关资料的梳理结果发现，古陶瓷枕不仅形制多种多样，而且大小不一，尺幅相差很大。陶瓷枕因其形制和大小的不同，而具有不同的功能和用途，大致可分为以下四类：第一是现实生活中的寝具枕头；第二是脉枕（医生把脉用）；第三是腕枕（类似臂搁之类的书写辅助工具）；第四是随葬或陪葬。在现实生活中实际使用的陶瓷枕还延伸出作为礼品赠送、陪嫁和镇宅辟邪的功用。文献资料中对这些不同的功能用途均有大量的考证和讨论[16]，这里不再赘述，仅补充以下两点。

第一，通长小至3～5厘米左右的模型类瓷枕，一部分用途是如河南安阳张盛墓的陪葬模型器物，还有一类如图6所示金代当阳峪窑白瓷小枕和绿釉小枕，掌中之物。这种陶瓷枕虽然尺寸小，但和大尺寸的实用瓷枕的型、工、料等都是一样的，而且当阳峪窑有大量类似尺寸的各种器型的器物[17]，一般认为这类器物的功用是玩具，还有人认为是便于携带的作为市场广告推销性质的实物样品。

第二，在陪葬的陶瓷枕中，除了如河南安阳张盛墓的小尺寸瓷枕模型外，其余大部分是正常可实用尺寸范围内的陶瓷枕。这种正常实用尺寸范围内的陶瓷枕还包括两类：一类是专门用于陪葬的陶瓷枕（即现实生活中是不用的）；另一类是逝者生前用过的陶瓷枕，一起随葬入墓。陪葬的陶瓷枕在墓中的放置位置在不同的地区也有差异。小尺寸瓷枕模型一般是和其他器具模型一起成组放置的，如前文提到的河南安阳张盛墓。专门用于陪葬的陶瓷枕（所谓的尸枕）主要放在逝者的头下。新闻报道的2015年4月11日四川宜宾县古柏乡高明村刘清明的祖坟迁建过程中发现的棺材中瓷枕使用的实际场景可

图6　金代当阳峪窑白瓷小枕和绿釉小枕

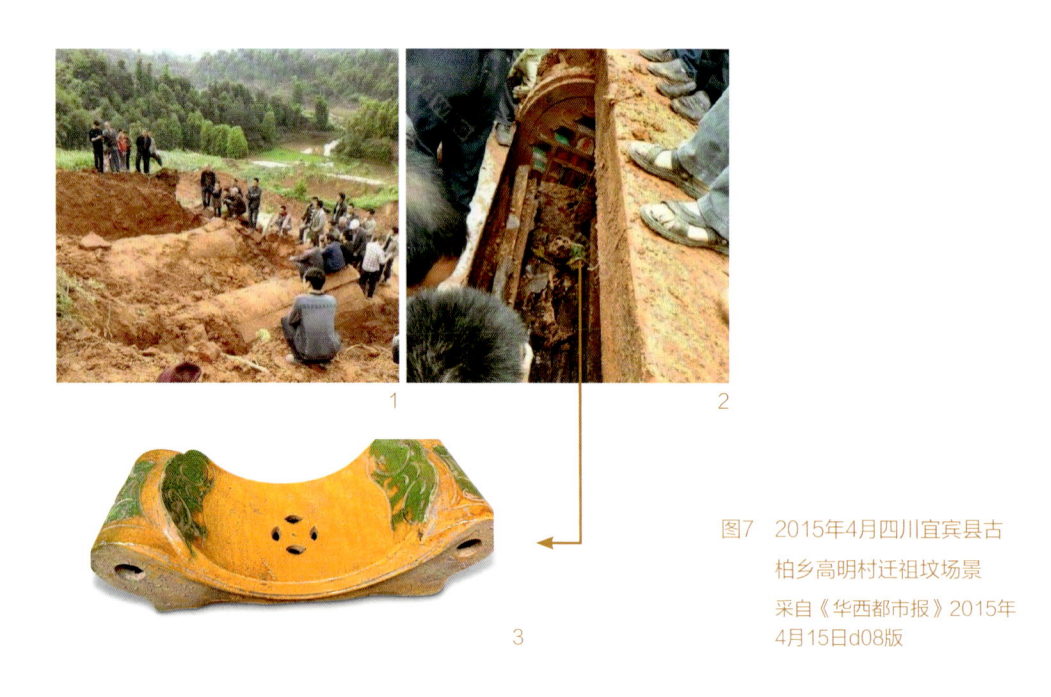

图7　2015年4月四川宜宾县古柏乡高明村迁祖坟场景
采自《华西都市报》2015年4月15日d08版

以明确这一点[18]。如图7所示，图7-1为祖坟迁出的场景，图7-2为棺材内的实景，棺材内逝者的头下是一个中间凹下球面的三彩瓷枕（图7-3），墓碑记载明确为清代同治年间。这种形制的枕头应该是专门用于陪葬的陶瓷枕（所谓的尸枕），而不是现在有些人推测的三彩建筑构件。这类枕头在明清时期陪葬普遍、量大。

其他随葬的陶瓷枕头不同的地区在墓中的放置位置也有很大差异。例如，山西省汾阳东龙观发掘的宋金家族墓群中，多数为砖砌墓或洞室墓，其中北宋墓1座，有2方枕，9座金墓中发现11方枕[19]。这些枕头中多有明确的使用磨损痕迹，表明都是生前长期使用过的，死后随葬入墓，并且墓中的多数陶瓷枕能明确是枕置在逝者的头下的（图8）。

河南省三门峡市庙底沟发掘的唐宋墓葬多数为洞室墓，属于平民百姓主导的公共墓地，身份不高，非集中的家族墓[20]。墓室平面长方形，墓顶纵剖面呈弧形（图9-1）；墓室入口有土石墙封堵，墙的下部以土堆筑，上部垒石。其中北宋时期的墓葬9座，共发现陶瓷枕8方，除了几个盗扰不清的，其他几方陶瓷都明确放置在洞室墓的封门石之

图8　山西省汾阳东龙观发掘的金墓M41
采自《汾阳东龙观宋金壁画墓》，彩版四四-2、彩版四五-3

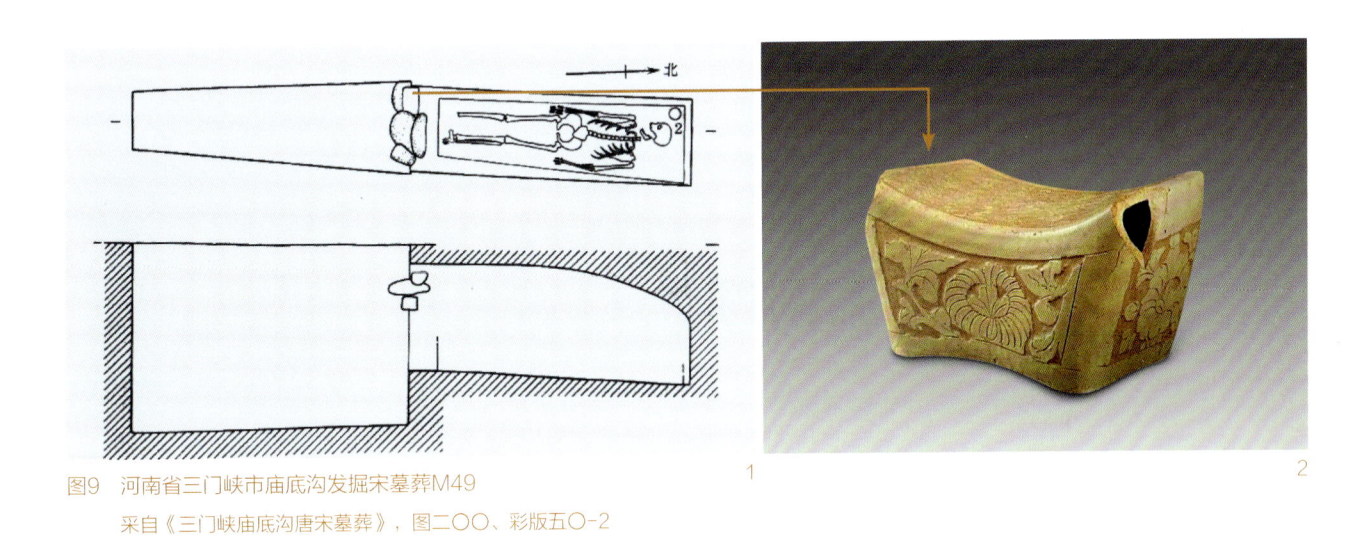

图9　河南省三门峡市庙底沟发掘宋墓葬M49
采自《三门峡庙底沟唐宋墓葬》，图二〇〇、彩版五〇-2

上（图9-2），而全部没有枕置在逝者的头下。至于这个地区的陶瓷枕为什么放置在封门墙之上，没有明确的证据说法，有猜想为镇墓之用。这些陶瓷枕还有一个共性是边或角部都有一定的缺损，似是人为敲缺的，这应该与地域葬俗有关。

四、举例几方有趣的陶瓷枕

1. 唐三彩靠背枕

图10为仅见的一方巩县窑唐三彩靠背枕（私人藏），形制罕见，靠背和底部台座有两个加强体，做工精细规整。坊间传说是唐代高级墓葬中专门放置的头顶部位垫支发髻的，也有人说是放置经书的。

图10 唐三彩靠背枕

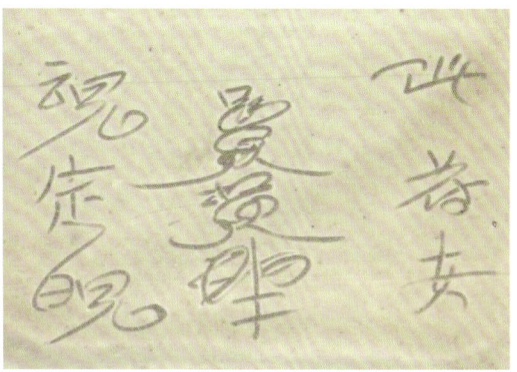

图11 巩县窑白釉划文字枕

2. 安魂定魄枕

图11为唐代巩县窑白釉方枕（郑州大象陶瓷博物馆藏），枕中间划一符，符两侧划写"此符安魂定魄"。说明陶瓷枕被赋予了一定的辟邪功能。

3. 金代当阳峪窑绿釉剔划花书形枕

图12为一方金代当阳峪窑绿釉剔划花书形枕（私人藏），此枕面两个开光内用划花工艺分别书写一个单支诸宫调【双调·惜奴娇】，内容如下：

【双调·惜奴娇】：密约幽欢。怎奈向无门恋。天须交好、事么难。会少离多、虽咫尺、如天远。甚日得同欢。鸳□共展。○渐觉衣宽。病（？）已染。难消遣。一回向、一度肠断。为他烦恼、镇如痴、频嗟叹。泪眼。纔（才）揾了，依前又满。

【双调·惜奴娇】：幽馆□灯。任人道无风韵。与谁□厌厌夜饮。□到更阑、□爱和衣寝。欹枕夜长时、此情孤吟。○纔（才）得朦胧。待做梦。犹无定。阿谁家、雏儿急性。雁过声高、又□个、长安信。着甚。□奈得、衾寒枕令（冷）。

古代陶瓷枕上的文字装饰内容包括短语、对联、唐诗、宋词、元曲、赋、记事、民间歌谣、俗语等。陶瓷枕上的文字装饰内容中有非常重要的一类与古戏曲密切相关的宋金诸宫调，即宋金时期的诸宫调支曲唱词与曲调，并且文字中明确写出了诸宫调的宫调和曲牌名称，如图12所示的枕头，"双调"是诸宫调之一，"惜奴娇"是曲牌。这在已

图12 金代当阳峪窑绿釉剔划花书形枕

知的文献中没有明确指出，而基本是把这一类较大篇幅的装饰文字都归属到一般的宋金诗词中。诸宫调是中国宋金元时期一种大型的说唱伎艺，因集若干套不同宫调的曲子轮递歌唱，故名。《辞海》中的"诸宫调"词条："取同一宫调的若干曲牌联成短套，首尾一韵；再用不同调的许多短套联成数万言的长篇，杂以说白，以说唱长篇故事。"[21]诸宫调是由北宋神宗熙宁至哲宗元年间泽州（今山西晋城）艺人孔三传来到文艺演出百花竞放的东京最先创造[22]。南宋王灼《碧鸡漫志》卷二载："熙丰、元祐间……泽州孔三传者，首创诸宫调古传，士大夫皆能诵之。"[23]表明诸宫调在宋金时期非常兴盛和流行。诸宫调与传统的说唱艺术一脉相承，它的说白受到说话的影响，还吸收了鼓子词、大曲、宋杂剧、缠令、唱赚等伎艺的长处。诸宫调为后世戏曲音乐开辟了道路，有"北曲之祖"之称。元代燕南芝庵《唱论》中总结了元代戏曲所用的六宫十一调。六宫包括：仙吕宫、南吕宫、中吕宫、黄钟宫、正宫、道宫；十一调包括：大石调、小石调、高平调、般涉调、歇指调、商角调、双调、商调、角调、宫调、越调。宫调的主要作用是起声情、限韵、定音高[24]。从外在的书写布局形式上，能和瓷枕上诸宫调相对照的直接相关实物资料是山西省侯马市二水金墓（承安五年）墓壁上的墨书诸宫调（图13）。2000年5月，山西省侯马市第二水温勘察院的住宅楼建设时发现了13座墓，其中M4的墓主张氏卒于金大定二十二年（1182年），承安五年（1200年）改造仿木砖墓，墓室的北壁、南壁、东壁、西壁都各墨书一诸宫调支曲，其中北壁、南壁、东壁上在曲尾均署有宫调名和曲牌，分别为北壁【南吕·瑶台月】、南壁【道宫·解红】和东壁【般涉（调）·沁园春】。西壁上曲尾写有"孟尝君作"，未见相应的宫调和曲牌，可能是当时的书写遗漏。兰州大学的宁希元教授根据《董西厢》卷五中相关情节对照解读为【仙侣调·乔和笙】，并获得学者们的认可[25]。陶瓷枕上的诸宫调支曲无疑是对宋金诸宫调研究资料的一个重要补充。第四届国际磁州窑论坛上本人对陶瓷枕上诸宫调的相关资料做过比较系统的总结和论述[26]，此处不再赘述。

图13 山西省侯马市二水金墓（承安五年）墓壁上的墨书诸宫调

图14 元代景德镇窑场青白瓷建筑型"镂空雕"戏曲人物枕

4. 元代景德镇窑场青白瓷建筑型"镂空雕"戏曲人物枕

元代是我国戏剧艺术成熟的阶段，观看戏剧演出已成为当时民众喜闻乐见的娱乐方式，此期景德镇的青白瓷窑场创烧出的一种颇具时代特色戏剧人物故事枕，如图14所示，分别收藏于丰城市博物馆（图14-1）、大同市博物馆（图14-2）、岳西县博物馆（图14-3）和首都博物馆（图14-4）。这4件瓷枕形制非常相似，很像同一位匠师的杰作。枕座和枕面较薄，枕体的四面八方都是用通明透彻的障壁筑成一个约20～22平方厘米的勾栏殿堂，构成一座仿木结构的彩棚戏台。一个镂空殿宇建筑，中部树一格子屏障，将其空间间隔为前后左右四区。檐壁、平梁、阑额、角柱、平柱、门额、格子门、花窗、栏板等皆与营造法式相同。装饰在柱头或四壁的如意头纹、连线纹或串珠花结，线条纤细流丽、自然自如；结构上，匠人则精心致力于要让人从任何角度都能看到建筑枕的全部内容，由表及里，舞台、人物妆饰和形神动静惟妙惟肖，每个面都反映了一个戏曲场景。完美呈现出南戏成熟形态下的完整的亭台楼榭式戏剧舞台的结构形式。

2004年8月31日，在距山西稷山县城西4千米涧东村的乡土名医段登科家，发现两块金代末期（约金哀宗正大前后，即1230年前后）方砖，上刻铭文，山西省考古研究所田建文先生撰文称其为"段氏刻铭砖"，其中一块顶侧面刻有："段祖善铭：孝养家，食养生，戏养神。"[27]"戏养神"精准的折射出宋金元时期广大民众的戏曲观念，戏曲已经渗透到人们日常生活的每一个角落，与一日三餐的饮食一样，无法摆脱。戏曲俨然已成为人们精神生活和文化娱乐的重要组成部分，是人们感情交流的重要途径。他们不仅要将戏曲时时吟唱，释放日常辛劳，古往今来的故事再现中了解历史、反观人生、愉悦心情、增进健康；更喜欢自己每日不离的枕承载戏曲，枕在枕上如同枕在曲上，枕在情上，清凉明目，美梦成真；骨灰级戏迷更要为自己百年之后定制烧造承载舞台大戏的绝妙瓷枕，舞台四面都有形象生动的瓷塑人物，不同造型的演员，好戏连台，在另一个世界里永久陪伴，吟唱千年，生死同乐！

5. 磁州窑类型的绿釉诗文枕

图15为日本松泽美术馆藏的一方磁州窑类型的绿釉诗文枕，枕面文字：

时难年荒世业空，弟兄羁旅各西东。田园寥落干戈后，骨肉流离道路中。吊影分为千里雁，辞根散作九秋蓬。共看明月应垂泪，一夜乡心五处同。余游颖川，闻金兵南窜，观路两旁，骨肉满地，可叹！为路途堵塞，不便前往，仍返原郡。又闻一片喧哗，自觉心慌，思之伤心悲叹。在家千日好，出门一时难，只有作枕少觉心安。余困居寒城半载，同友修枕共二十有余。时在绍兴三年清和望日也。

枕面文字前面引用白居易的离乱诗文，后面记录绍兴三年"余游颖川"，因金兵南侵、为战乱所阻，作者困居窑场参与制作瓷枕20多方的经历。从文字内容分析，作者应是落难的文人。

磁州窑类型瓷器装饰艺术中的绘画、书法达到了很高的层次，特别是河北、河南和山西三地的产品。为何能达到如此高度，河北邯郸的庞洪奇先生对其内在深层次的原因做了深入系统的考证[28]。他指出，磁州窑类型瓷器上书法、绘画装饰技法在宋代书法、绘画艺术繁荣和普及的基础上应运而生，受到文人书画的影响而成熟、发展起来，正是由于文人

图15 磁州窑类型的金代绿釉诗文枕
采自《黑与白的艺术 迷人的磁州窑文人瓷绘》，图11

画家的广泛参与，提升了其艺术高度，开拓了其文化深度。并通过实物资料阐释了文人参与窑场制瓷的三种情况：落榜士子展露才情、落难画家/文人窑场谋生和隐逸文人笔墨耕耘。以上举例的磁州窑类型的绿釉诗文枕上的文字就是落难文人窑场谋生的直接证据。

五、河津窑陶瓷枕拾遗

山西省的古陶瓷窑址遍布全境，是我国古代陶瓷生产最发达的地区之一，烧造历史悠久，品种丰富，素有"北黑、中白、南琉璃"之称。地处晋南的河津市地区不仅是驰名的琉璃之乡，其宋金时期的古瓷窑生产的陶瓷枕更是丰富多彩、独具一格，为古陶瓷枕类之翘楚。故宫博物院收藏的344方陶瓷枕中，8件为金代河津窑产品；《杨永德伉俪捐赠藏枕》一书著录的200方陶瓷枕中，产自河津窑的有19方之多；笔者收藏7方。由此可窥河津窑生产的陶瓷枕的数量和影响范围之大。2014年，山西省文物鉴定站孟耀虎在《磁枕玄珠》一书中对河津窑的陶瓷枕首次做了比较详细的论述和总结，由于当时河津窑未正式考古挖掘定性，称这类瓷枕为"金代瓷枕的艺术巅峰——为未知的那处晋南烧磁窑场"[29]。2019年，山西省考古研究所的贾尧等人对河津窑的金代瓷枕进行了全面系统的梳理和讨论，将其分为高温粗白瓷枕和低温釉陶枕两类，其中高温粗白瓷枕包括八角形及扁圆形，低温釉陶枕包括六角形、八角形、方角元宝形、花边豆形及弧长方形。河津窑陶瓷枕上采用剔刻、勾划、画花等装饰技艺之高超不仅与当时文人参与制瓷有关，可能还受金代平阳地区高度发达的刻版业的影响[30]。值此《河津窑磁枕》一书收集资料、撰写成书之际，作为文博系统外之人，笔者把了解的河津窑陶瓷枕类的社会藏品资料收集、列举，以期对河津窑陶瓷枕资料的完善和研究起到拾遗之效。

如图16所示，按照枕型举列了19方河津窑陶瓷枕。图16-1为扁圆形白地划花婴戏纹枕。图16-2为两方白地珍珠地划折枝花叶纹枕，左边一个带壶门开光，右边枕面无开光。图16-3为三彩剔地老虎咬树花边豆形枕，和西汉南越王博物馆藏的一方枕类似。图16-11为三彩折枝纹六角枕，底部墨书"承安四年……"，进一步补充了这类河津窑陶瓷枕的断代依据。图16-15为划洞石花卉孔雀纹绿釉六角枕。图16-16为镶嵌绞胎山水纹绿釉六角枕（深圳望野博物馆藏）。图16-19为绿釉划水草鸭纹六角枕，其特殊之处在于侧面印龙头纹。

六、结　语

生活是生命的承载，所有的实体艺术形式其实都可以说是生活艺术。无论概念多么高深与玄妙，最终落到实处还是为了"过日子"。我们的先人，曾经创造了很多优雅的

河津窑瓷枕

古陶瓷枕杂记　059

5

6

7

8

9

10

060　河津窑磁枕

古陶瓷枕杂记　061

图16　河津窑陶瓷枕拾遗

生活方式，虽然大多数随着岁月的变迁而遗失，但我们依然可以从那些被遗落的古物中寻找蛛丝马迹。每晚与古人相伴的陶瓷枕承载着古代中国所有领域的文化元素，包括政治、经济、军事、文学、艺术、戏曲、体育、民俗、地理、历史、儒释道等，是世界陶瓷史上最具文化价值的一个瓷器类型。睿智的窑工与时俱进、不断创新，利用泥与火的艺术，把大众钟情的元素融合于瓷枕之上，不仅于当时提升了瓷枕的使用审美情趣和价值，拓展了瓷枕的市场，还使这些瓷枕，透过千年历史隧道，与我们近在咫尺，让我们得以窥探古人的情怀！

深圳文物考古鉴定所所长任志录先生语："对于研究中国古代文化，中国国内的学术界乃至文物行政部门一般采信的是出土遗物和海内外博物馆的藏品，对社会藏品只采信海外社会藏品，而不采信国内社会藏品。这里就留下了很大的空间。而我觉得这是一个漏洞，这个漏洞需要填补，对于研究了解中国古代社会这个'天'来说，社会收藏品正是女娲手里的五彩石，而社会收藏正是女娲补天。……不可回避的是社会资料无序、无据、无背景。但简单的否定和不予置理，会让考古、研究和管理工作陷于歧途，数量有时可以弥补质量的不足，一定的量本身就可以说明问题，更何况其中珍贵资料比比皆是。"[31]能以此文映衬此语，足矣！

注释

[1] （汉）许慎：《说文解字》，中华书局，1963年。
[2] 考古研究所安阳发掘队：《安阳隋张盛墓发掘记》，《考古》1959年第10期。
[3] 中国社会科学院考古研究所：《唐长安城郊隋唐墓》，文物出版社，1980年。
[4] 中国社会科学院考古研究所：《唐长安城郊隋唐墓》，文物出版社，1980年。
[5] 〔日〕三上次男：《中国的陶枕——唐至元》，《杨永德伉俪捐赠藏枕》，宝法德企业有限公司，1993年。
[6] 〔日〕矢野宪一著，谢金洋译：《枕》，上海交通大学出版社，2014年。
[7] 张子英：《磁州窑瓷枕》，人民美术出版社，2000年。
[8] 宋伯胤：《枕林拾遗》，陕西人民出版社，2002年。
[9] 浙江省博物馆编：《梦之缘起——清雅集古珍藏古代瓷枕》，浙江人民美术出版社，2015年。
[10] 郑州大学历史学院考古系、河南省文物管理局南水北调文物保护办公室：《河南新乡市老道井墓地战国墓发掘简报》，《华夏考古》2008年第4期。
[11] 四川省文物考古研究院、广汉市文物保护管理所：《四川广汉市罗家包东汉墓发掘简报》，《四川文物》2016年第1期。
[12] 南京市博物馆：《南京市东前村东晋墓》，《中国考古学年鉴·1987》，文物出版社，1988年。
[13] 湖北省文物考古研究所、随州市文物工作队：《随州市西城区等地东汉六朝墓》，《中国考古学年鉴·1991》，文物出版社，1992年。
[14] 大阪市立东洋陶瓷美术馆：《宋磁の美》，大阪市立东洋陶瓷美术馆，2016年。
[15] 大阪市立美术馆：《白と黑の竞演——中国·磁州窑系陶器の世界》，大阪市立美术馆，2002年。
[16] 陈万里编：《陶枕》，朝花美术出版社，1954年；蔡毅：《故宫藏瓷枕》，紫禁城出版社，2002年；望野：《千年梦华——中国古代陶瓷枕》，文物出版社，2008年；林保照、孔超：《枕林寻梦——中国历代陶瓷枕精品》，上海书店出版社，2008年；叶喆民主编：《中国磁州窑》（上、下卷），河北美术出版社，2009年；望野：《千年梦华——中国古代陶瓷枕》（第二编），文物出版社，2010年；黄宏：《块冰岚染千年梦华——黄宏藏枕》，上海科学技术文献出版社，2012年；睢伟民：《枕中菁华》，上海书画出版社，2013年；孟耀虎：《磁枕玄珠》，三晋出版社，2014年；安际衡：《磁枕精华》，河北教育出版社，2014年；西汉南越王博物馆：《西汉南越王博物馆藏枕》，岭南美术出版社，2019年；刘辉：《宋元陶瓷枕的考古学研究》，吉林大学博士学位论文，2019年。
[17] 卢华堂：《焦作当阳峪窑古陶瓷标本》，中州古籍出版社，2019年。
[18] 《宜宾古墓现清朝瓷枕 川南地区少见》，《华西都市报》2015年4月15日d08版。
[19] 山西省考古研究所、汾阳市文物旅游局、汾阳市博物馆：《汾阳东龙观宋金壁画墓》，文物出版社，2012年。
[20] 河南省文物考古研究所：《三门峡庙底沟唐宋墓葬》，大象出版社，2006年。
[21] 中国大百科全书总编辑委员会：《中国大百科全书·戏曲曲艺》，中国大百科全书出版社，1983年。
[22] 王定勇：《金代诸宫调文化生态探寻》，《民族文学研究》2005年第4期。
[23] （宋）王灼撰：《碧鸡漫志》，《善本宋元名家词三种》，中华书局，2016年。
[24] 陈素香：《论金元时期的词曲之变》，河北师范大学硕士学位论文，2008年。
[25] 宁希元：《早期诸宫调歌词的重大发现》，《中华戏曲》（第30辑），文化艺术出版社，2004年。
[26] 张玉文：《陶瓷枕与宋金元戏曲》，《磁州窑文化之传承与创新——第四届磁州窑论坛文集》，文物出版社，2017年。
[27] 延保全：《戏养神：金代北方民间的戏曲观——山西稷山金代段氏"戏养神"砖铭论》，《文艺研究》2005年第11期。
[28] 庞洪奇：《黑与白的艺术 迷人的磁州窑文人瓷绘》，《收藏》2014年第15期。
[29] 孟耀虎：《磁枕玄珠》，三晋出版社，2014年。
[30] 中国古陶瓷学会编：《山西河津窑研究》，科学出版社，2019年。
[31] 《任志录｜女娲补天——谈社会文物收藏的意义》，深圳望野博物馆网易号，http://dy.163.com/v2/article/detail/DJ31IGQQ0513VCHH.html。

河津窯

磁枕

金　白地剔花填黑荷花纹八角形枕

H15①：116
河津固镇瓷窑址出土
长41.5、宽19.5厘米
山西省考古研究院藏

067

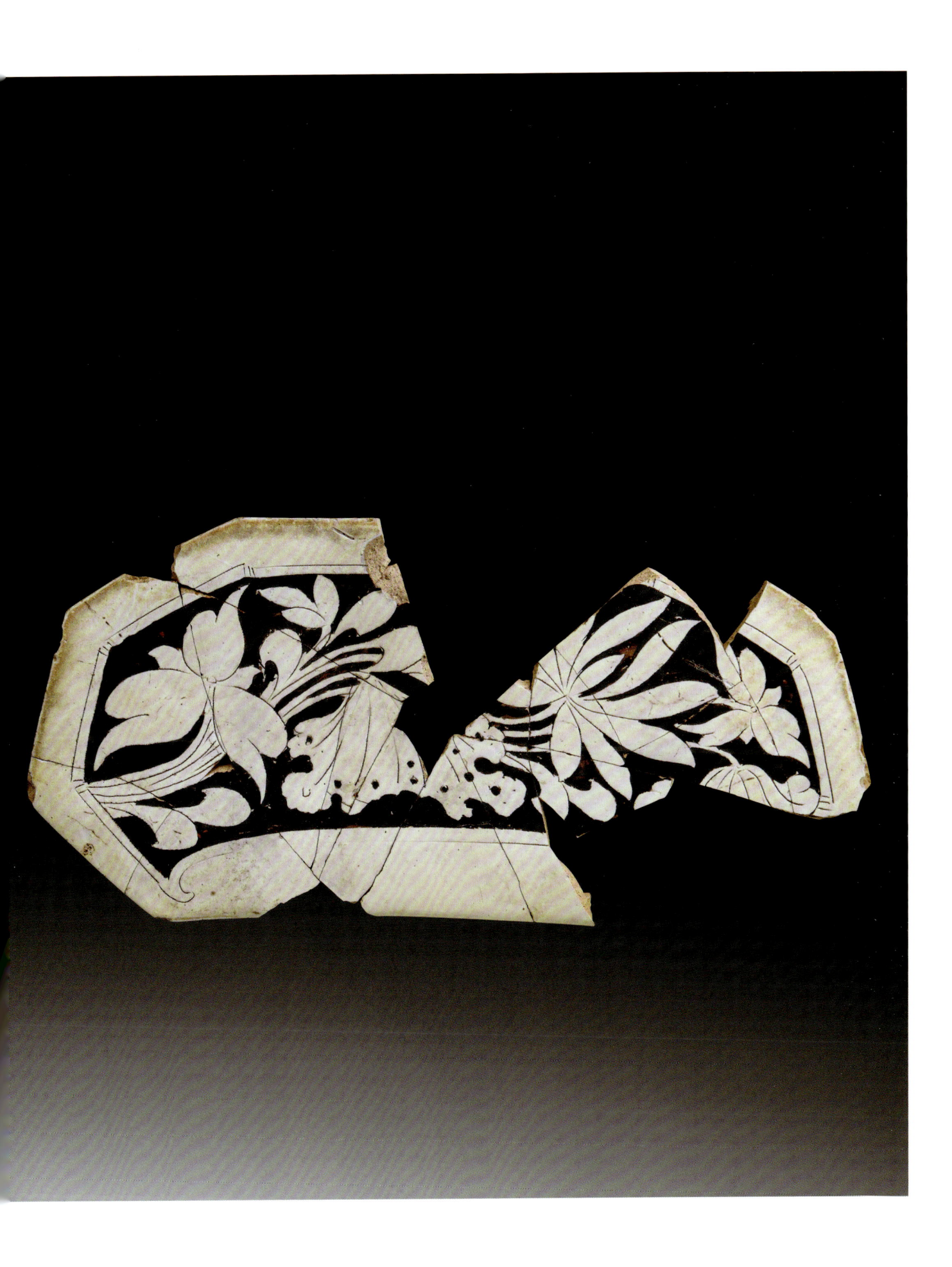

金　白地八角形枕

H29：Z2

河津固镇瓷窑址出土

残长40.1、残宽17.2、高9.1厘米

山西省考古研究院藏

金　白地褐彩八角形枕

H29：Z3
河津固镇瓷窑址出土
残长39.4、残宽16.5、高9.2厘米
山西省考古研究院藏

金 白瓷珍珠地刻划牡丹纹扁圆形枕

J1④：88

河津固镇瓷窑址出土

面横33.4、面纵31.7、残高9.2～11.8厘米

山西省考古研究院藏

金　白地褐彩八角形枕

T21②：49

河津固镇瓷窑址出土

长43.6、宽18、前高8.8、后高10.4厘米

山西省考古研究院藏

金 白地褐彩折枝花叶纹扁圆形枕

F41∶39

河津固镇瓷窑址出土

面径19.2、底径14.3、前高6.3、后高7.8厘米

山西省考古研究院藏

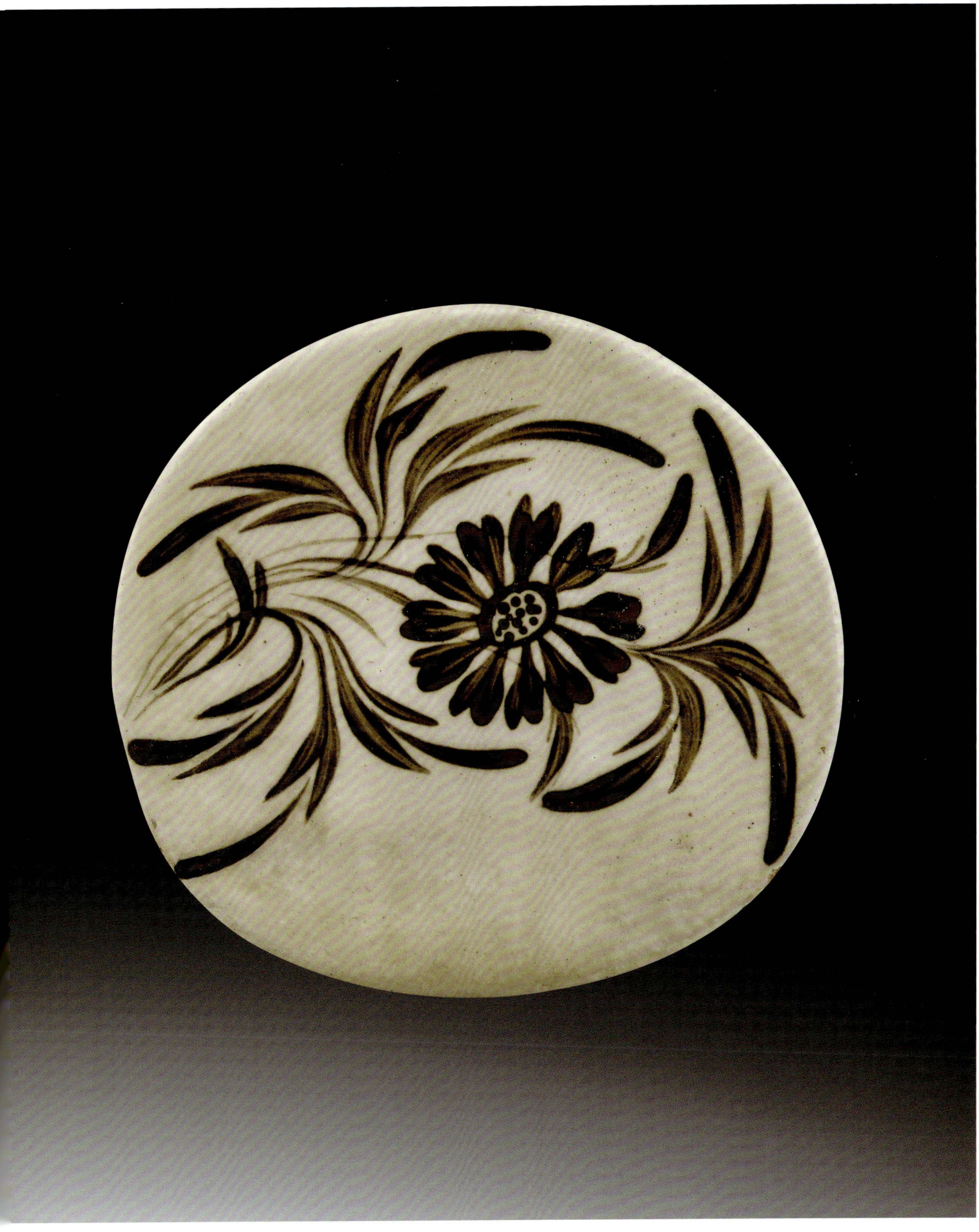

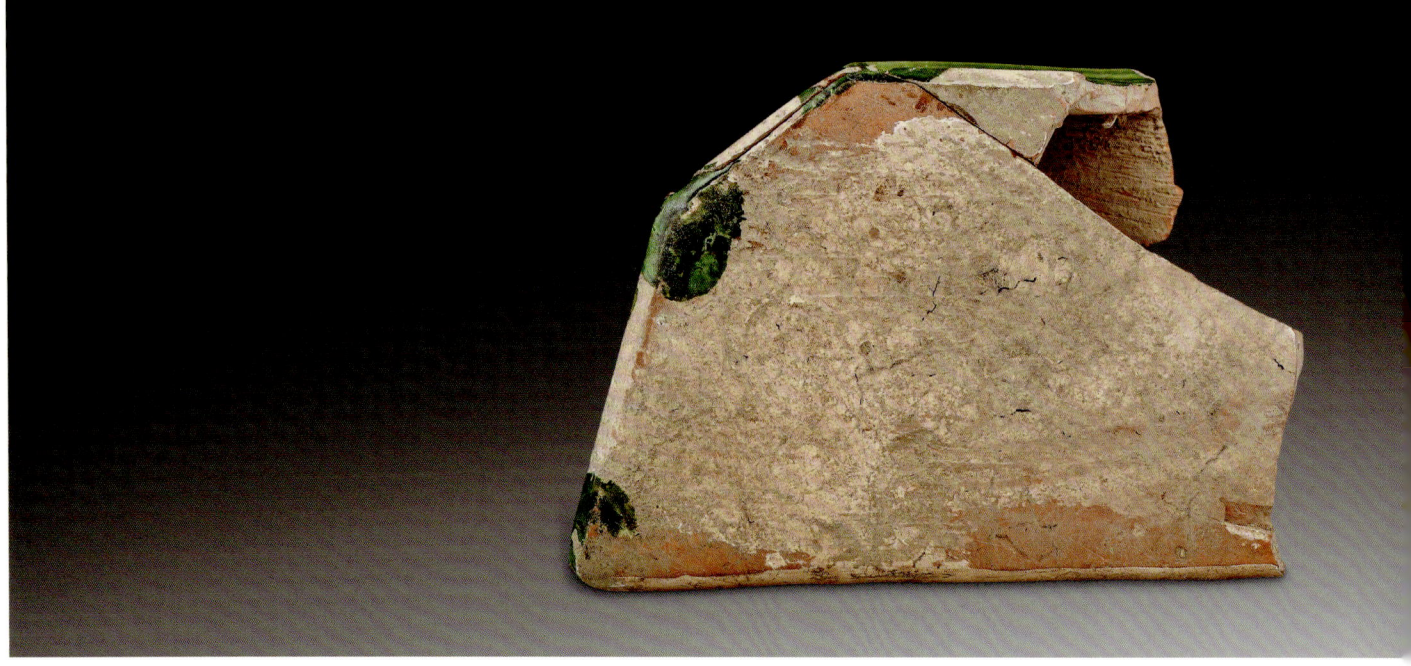

金 三彩剔花叶纹六角形枕
F4①：118
河津固镇瓷窑址出土
残长17.9、宽12.9、前高7.5、后高8.8厘米
山西省考古研究院藏

075

金　白地剔花填黑牡丹纹八角形枕

F4①：142

河津固镇瓷窑址出土

长44、宽20.5、前高8.4、后高10.9厘米

山西省考古研究院藏

077

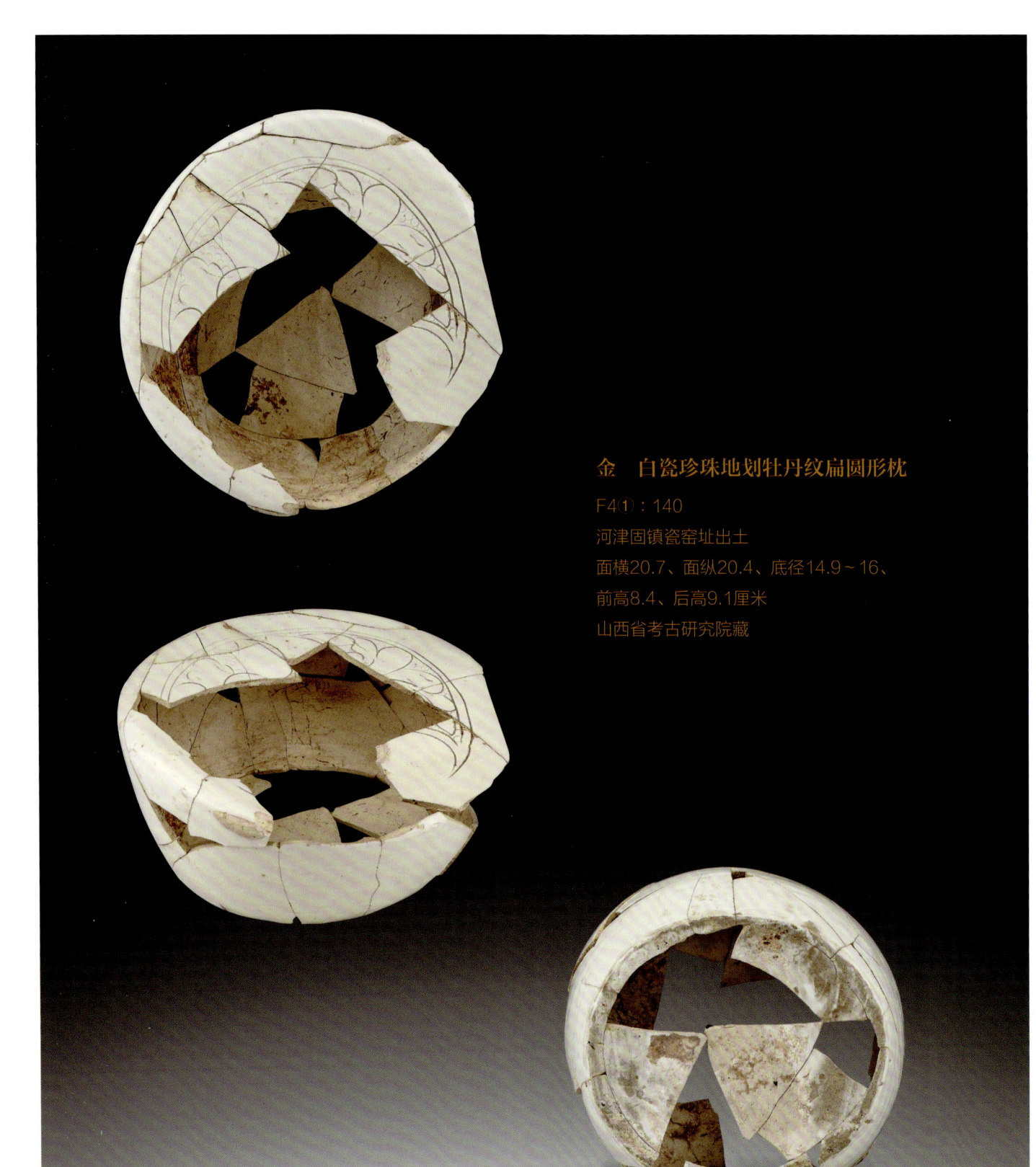

金　白瓷珍珠地划牡丹纹扁圆形枕

F4①：140
河津固镇瓷窑址出土
面横20.7、面纵20.4、底径14.9～16、
前高8.4、后高9.1厘米
山西省考古研究院藏

金　白地剔花填黑诗文八角形枕枕面残片

F4①：91

河津固镇瓷窑址出土

残长7.7、残宽10.2厘米

山西省考古研究院藏

金　白地黑画花开光诗文八角形枕枕面残片

F4①：143

河津固镇瓷窑址出土

残长22、残宽18.5厘米

山西省考古研究院藏

金　剔地填黑书白彩诗文八角形枕枕面残片

F4①：144

河津固镇瓷窑址出土

残长13、残宽12厘米

山西省考古研究院藏

金　白地黑画花开光诗文八角形枕枕面残片

F4①：145

河津固镇瓷窑址出土

残长18.5、残宽12.5厘米

山西省考古研究院藏

金　白地黑画花开光诗文八角形枕枕面残片

F4①：146

河津固镇瓷窑址出土

残宽19.8厘米

山西省考古研究院藏

金　白地剔花填黑牡丹纹八角形枕

F4(2)：116

河津固镇瓷窑址出土

长53、宽25.4、前高10.3、后高11.9厘米

山西省考古研究院藏

085

金　白瓷珍珠地划花叶纹扁圆形枕

F4②：118

河津固镇瓷窑址出土

面径23.5、底径19.2、前高8、后高9.5厘米

山西省考古研究院藏

087

金　白地剔花填黑折枝牡丹纹八角形枕

F4②：157

河津固镇瓷窑址出土

长44.1、宽21、前高8.3、后高10厘米

山西省考古研究院藏

089

金　白地剔花填黑缠枝牡丹纹八角形枕
F4②：158
河津固镇瓷窑址出土
长55、宽23.8、前高9.8、后高12厘米
山西省考古研究院藏

091

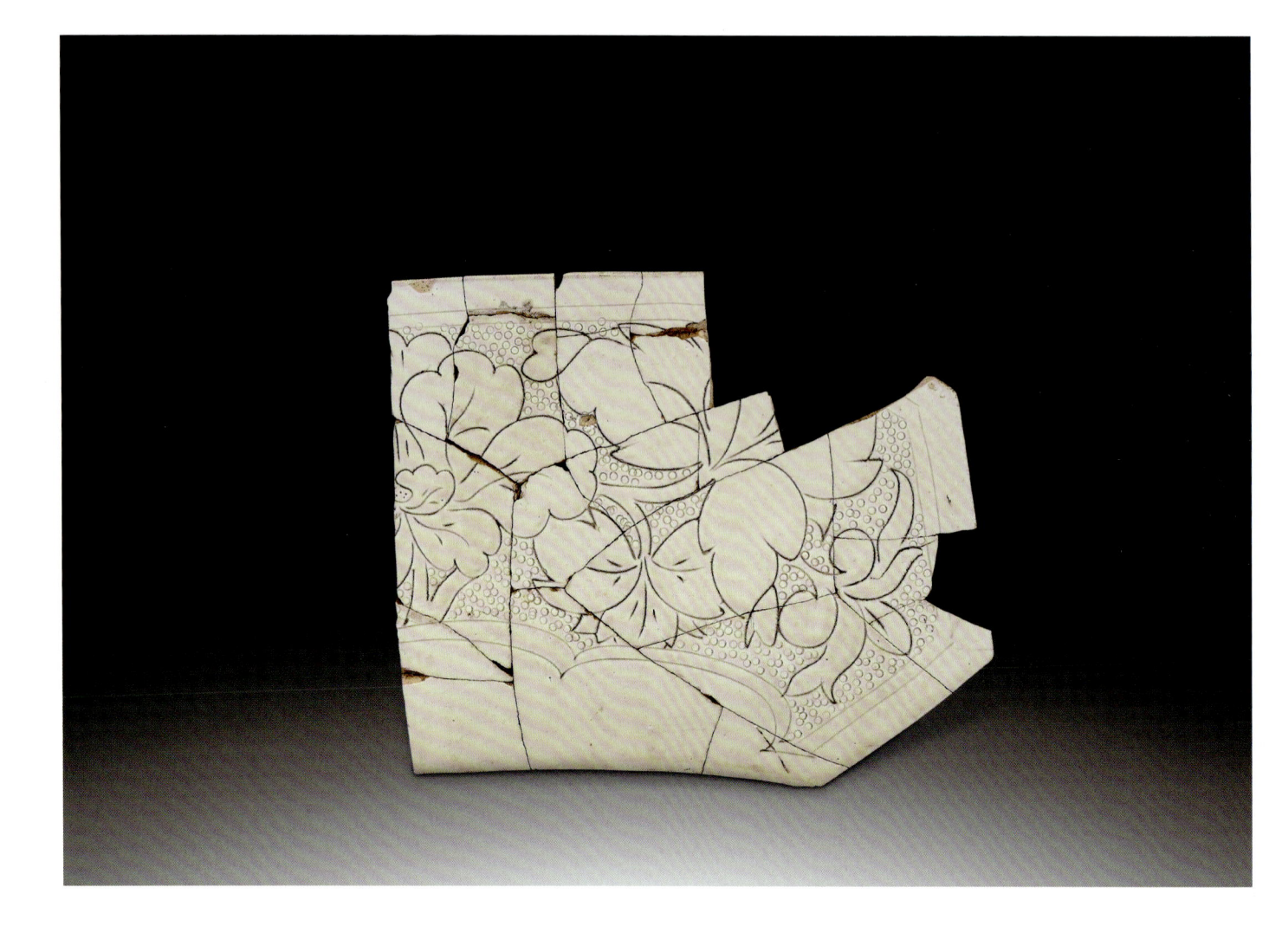

金　白瓷珍珠地划牡丹纹八角形枕

F4②：161

河津固镇瓷窑址出土

残长23.9、残宽19.8厘米

山西省考古研究院藏

金　白地剔花填黑开光诗文扁圆形枕

F4②：163

河津固镇瓷窑址出土

面横31.5、面纵27.5、底径15、前高9.6、后高12厘米

山西省考古研究院藏

金　白瓷黑花诗文扁圆形枕

长25、宽23.5、高9.5厘米

道苤艺术馆藏

涧生松韵
虚牌弄竹声

金　白瓷划花珍珠地圆形枕

长25、宽24.5、高11厘米
道苴艺术馆藏

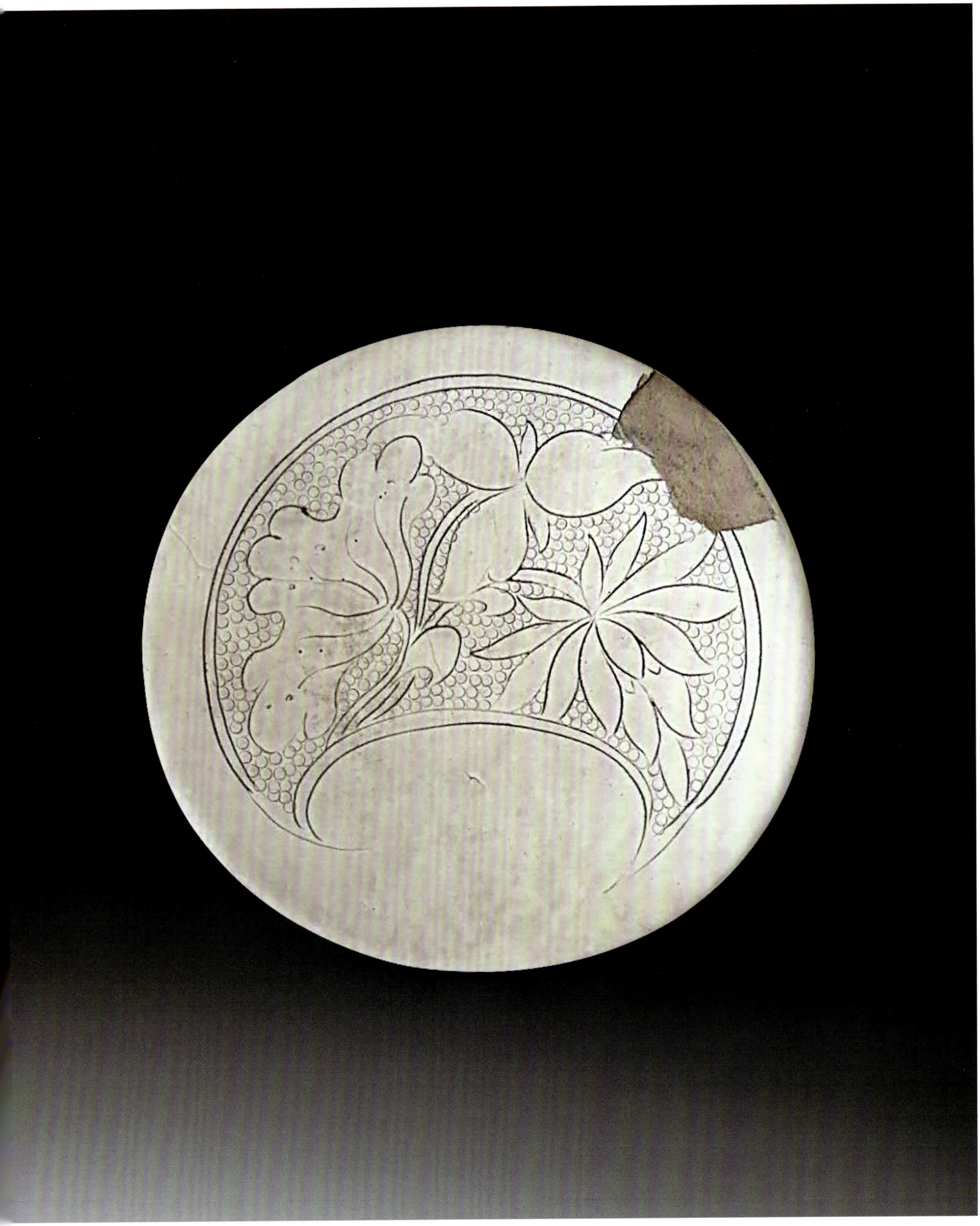

金　白地剔花填黑彩八角形枕

长40.5、宽18、高10.5厘米
道苴艺术馆藏

099

金　白瓷珍珠地牡丹纹开光诗文枕

长33.5、宽30、高12.5厘米

故宫博物院藏

　　清宫旧藏，原藏清代皇家苑囿颐和园内。所刻御题诗的诗成时间表明，这件瓷枕至迟于乾隆三十三年（1768年）就已经被视作古瓷珍品为皇家所收藏。这件旧藏瓷枕，乾隆皇帝认为是定州遗物，后来又长期被视为磁州窑产品，也有人认为是登封窑产品。壶门开光内枕面空白处砣刻隶书乾隆御题诗一首：

　　　　瓷中定州猶（犹）椎輪（轮），丹青弗藉傅色紛（纷）。懿兹芳枕質（质）樸（朴）瀆（淳），蛤粉爲（为）釉鋪（铺）以匀。鉛（铅）氣（气）火氣（气）净且淪（沦），粹然古貌如道人。通靈（灵）一穴堪眠雲（云），信能忘憂（忧）能怡神。至人無（无）夢（梦）方宜陳（陈），小哉邯鄲（郸）滂（漫）云云。

　　　　乾隆戊子仲夏月上澣御题。

瓷中定州猶椎輪
丹青弗藉傳
模糊蛤粉為釉鋪
色紛彝簋芳秋質
以句鉛藥火氣淨
且淪粹然古貌如道
人通靈一穴堪眠雲
信能忘憂能怡神
至人無夢方宜陳
小试邯鄲滂云二
乾隆戊子仲
夏月上澣
御題

金　三彩开光荷莲纹元宝形枕

长25、宽11、高9.5厘米

故宫博物院藏

103

金　三彩开光荷莲纹元宝形枕

长27、宽13、高9.9厘米

故宫博物院藏

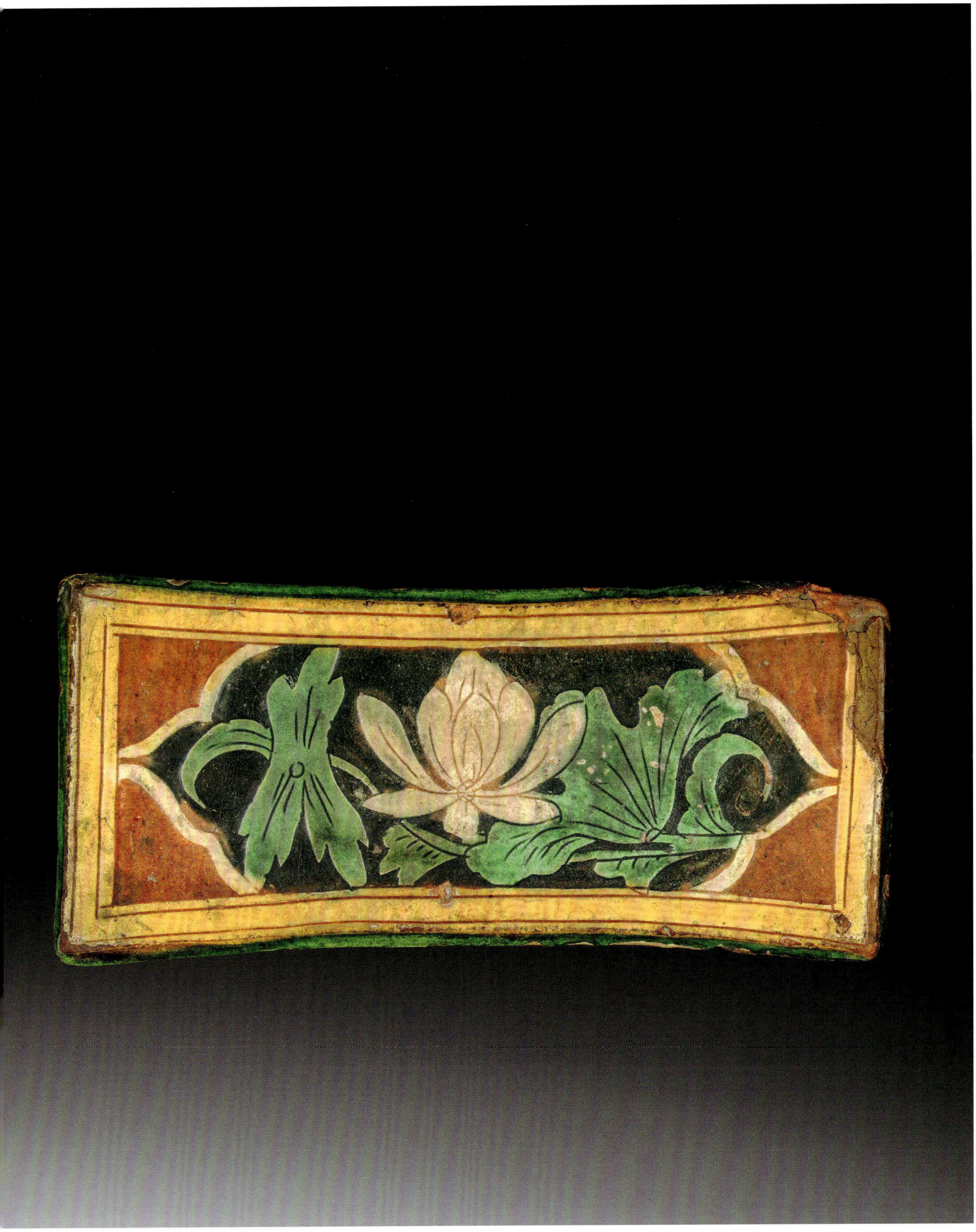

金 三彩剔花黑地折枝花卉纹腰形枕

长23、宽14.5、高9.7厘米

故宫博物院藏

107

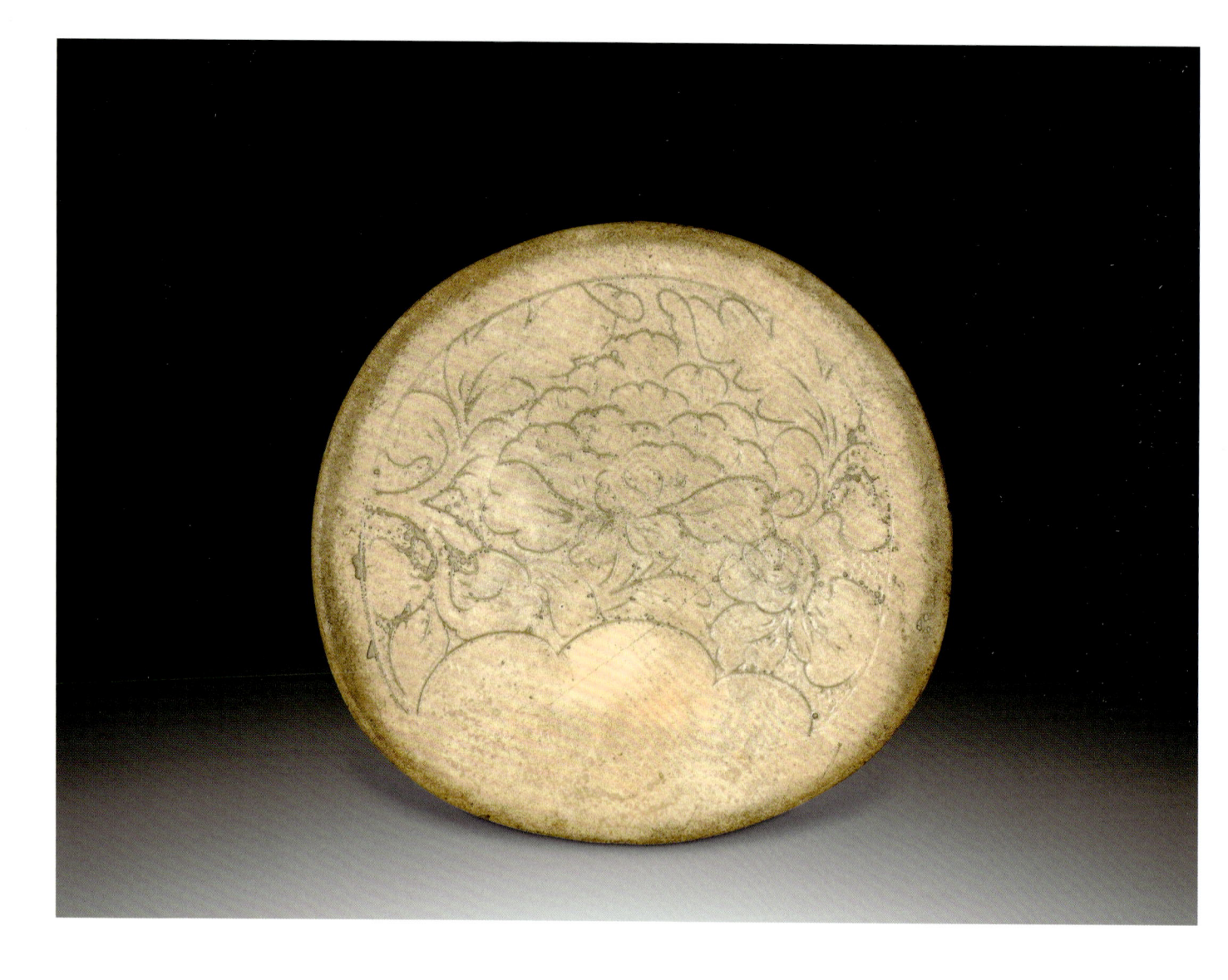

金　白瓷牡丹纹开光扁圆形枕

长20、宽19、高8.3厘米

故宫博物院藏

金 三彩黑地剔花荷莲双鸭纹六角形枕

长35.5、宽15.2、高10.3厘米

故宫博物院藏

河津窑磁枕

金　白地剔花填黑诗文八角形枕

长42、宽17.8、高11.8厘米

故宫博物院藏

白日偏求境
青山入勝遲
何當明月夜
更就白雲眠

金　白地剔花填黑婴戏纹八角形枕

长44.5、宽19.5、高11.5厘米

故宫博物院藏

113

金　白地剔花填黑牡丹纹八角形枕

长43.8、宽19、高11.2厘米

西汉南越王博物馆藏

115

金　白地剔花填黑荷花纹八角形枕

长44.8、宽18.9、高10.8厘米

西汉南越王博物馆藏

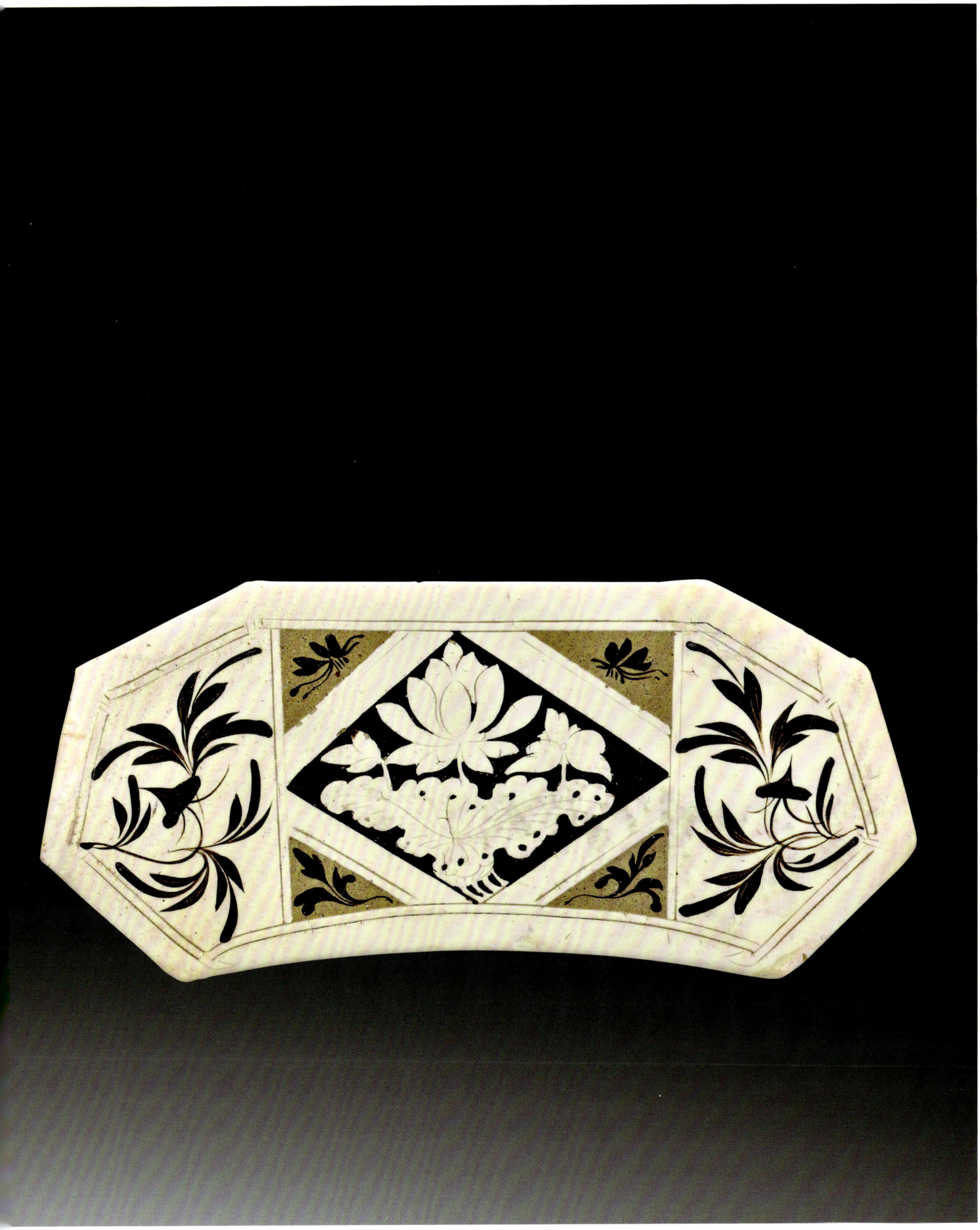

金　白地剔花填黑荷花纹八角形枕

长44.8、宽20.5、高11.2厘米

西汉南越王博物馆藏

119

金　白地剔花填黑"福"鹿纹八角形枕

长42.3、宽19.4、高10.8厘米

西汉南越王博物馆藏

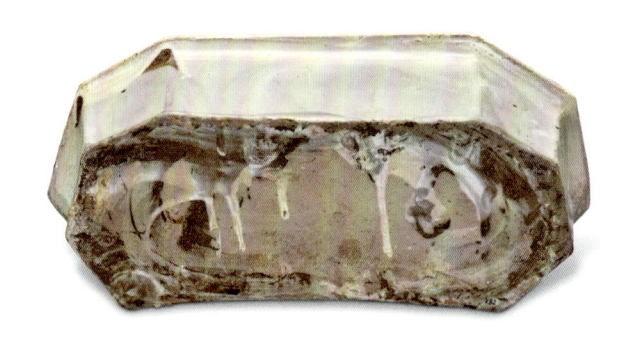

金　白地剔花填黑狮子戏球纹八角形枕

长44.5、宽19.6、高11.9厘米

西汉南越王博物馆藏

金　白地剔花填黑持荷娃娃纹八角形枕

长43、宽17.5、高11.8厘米

西汉南越王博物馆藏

123

金　白地剔花填黑婴孩纹八角形枕
长42.8、宽18.8、高11.2厘米
西汉南越王博物馆藏

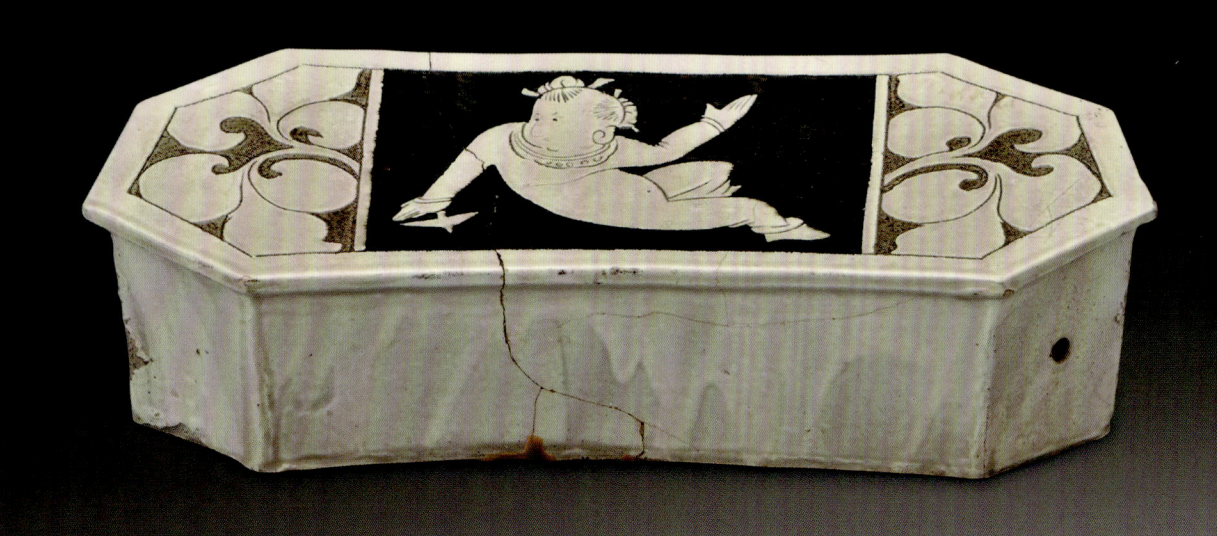

125

金　白地剔花填黑持荷娃娃纹八角形枕

长41、宽18.2、高10.3厘米

西汉南越王博物馆藏

127

金　白地剔花填黑诗文八角形枕

长43、宽18.6、高11.2厘米

西汉南越王博物馆藏

照藤床　空峯明月　窗內清風　生石枕

金　白地黑褐彩开光诗文八角形枕

长42.5、宽19、高12厘米

西汉南越王博物馆藏

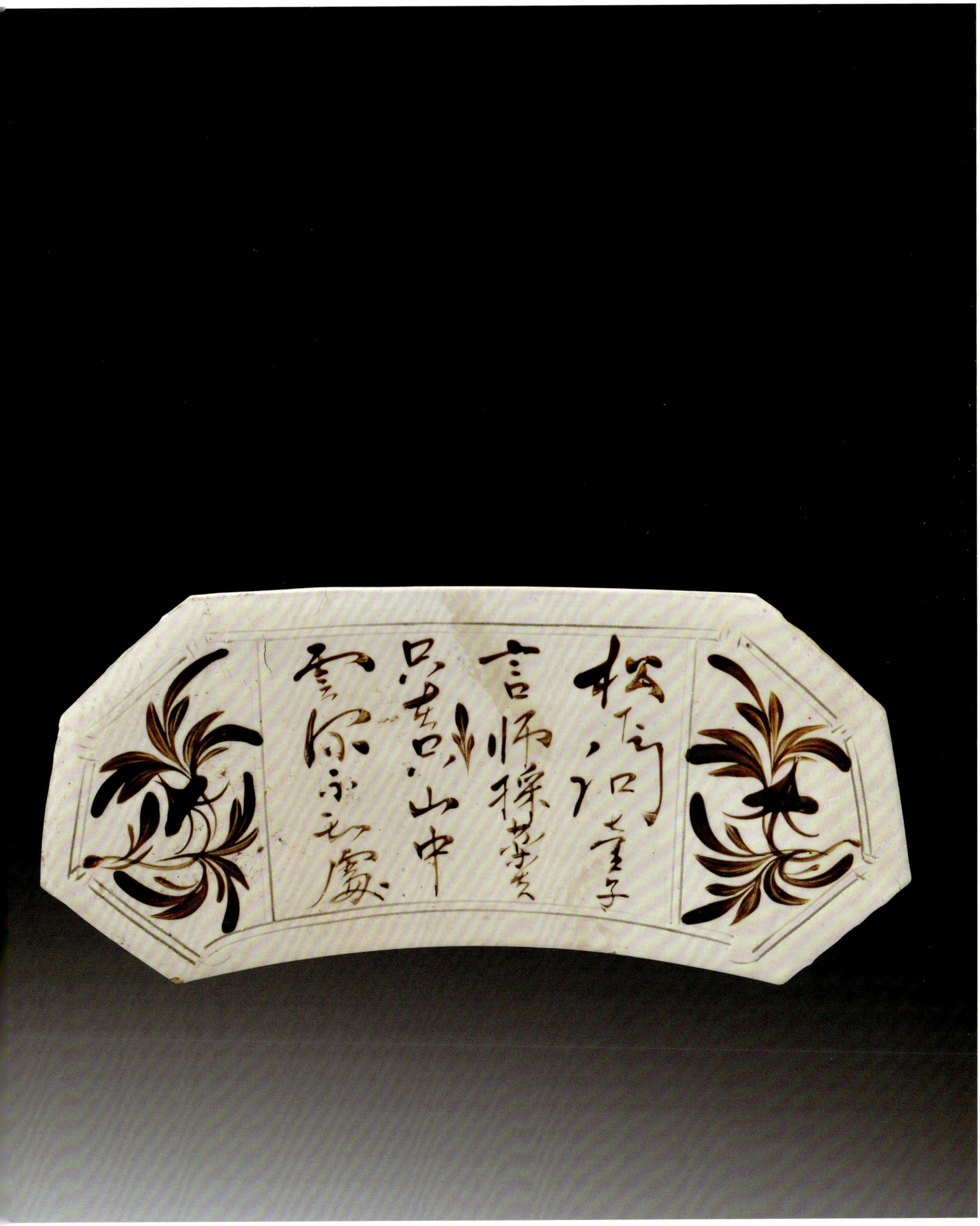

金　白地剔花填黑荷花纹八角形枕

长45.2、宽21、高11.1厘米

西汉南越王博物馆藏

133

金　白地剔花填黑鸳鸯纹八角形枕

长41、宽18.6、高11.4厘米

西汉南越王博物馆藏

135

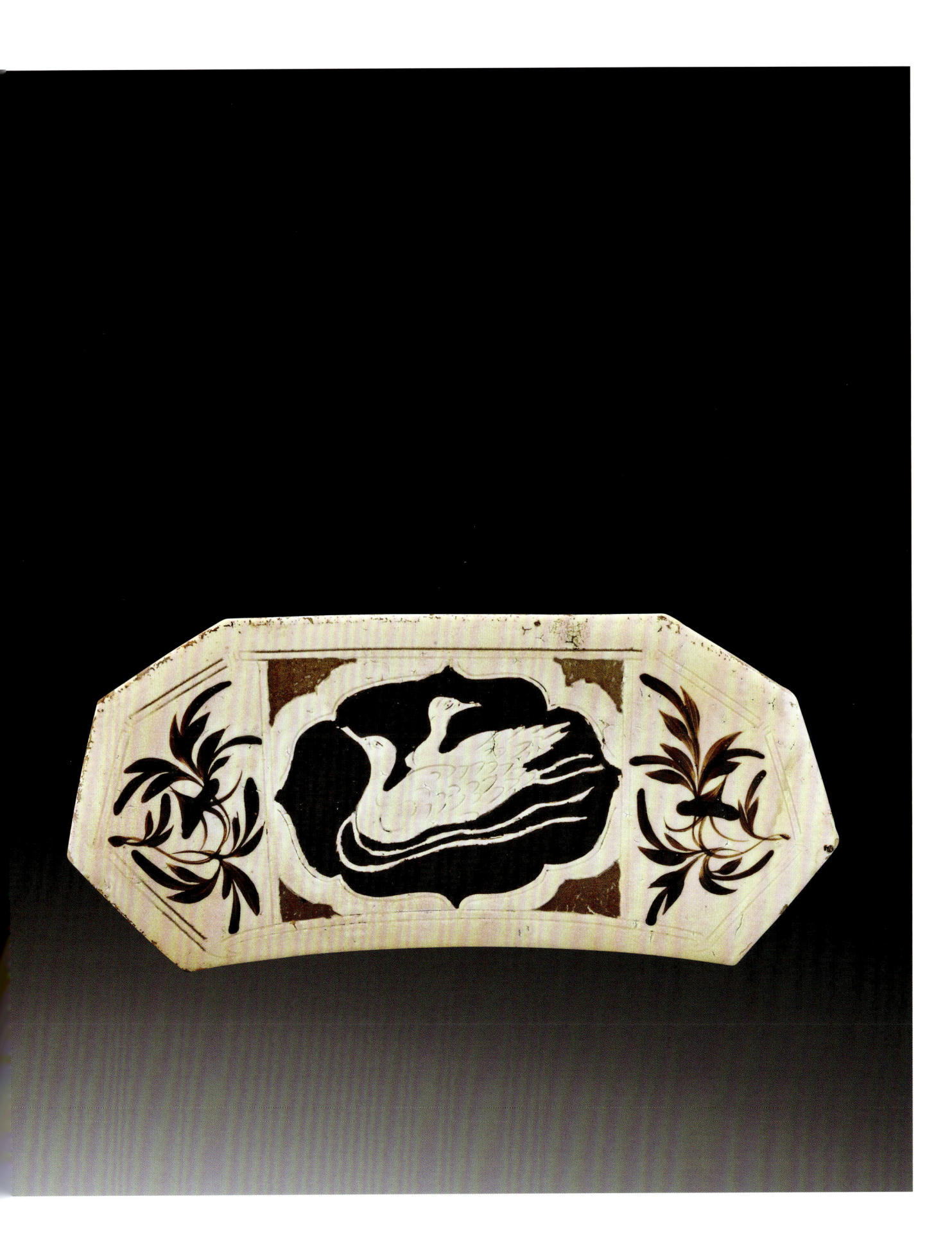

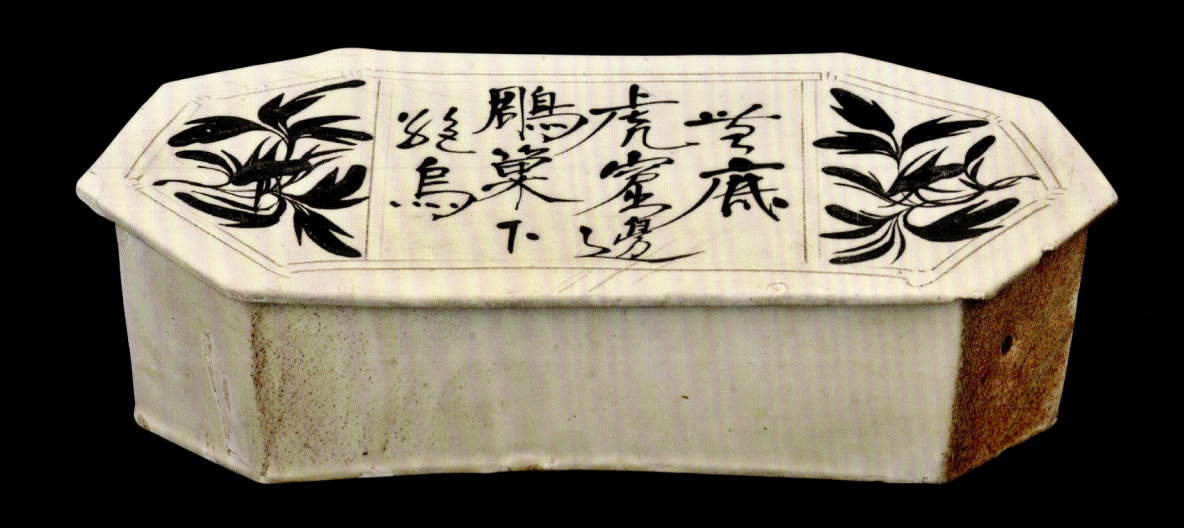

金　白地黑彩开光诗文八角形枕

长36.2、宽16.3、高9.3厘米

西汉南越王博物馆藏

137

金　白瓷珍珠地划牡丹纹扁圆形枕

长31.4、宽28.2、高11厘米

西汉南越王博物馆藏

金　白瓷珍珠地划莲花纹扁圆形枕

长28、宽23.3、高11厘米

西汉南越王博物馆藏

金　白瓷珍珠地划折枝牡丹纹扁圆形枕

长32.2、宽30.6、高13.4厘米
西汉南越王博物馆藏

141

金　白瓷珍珠地划折枝牡丹纹扁圆形枕

长30.5、宽26.5、高11.4厘米

西汉南越王博物馆藏

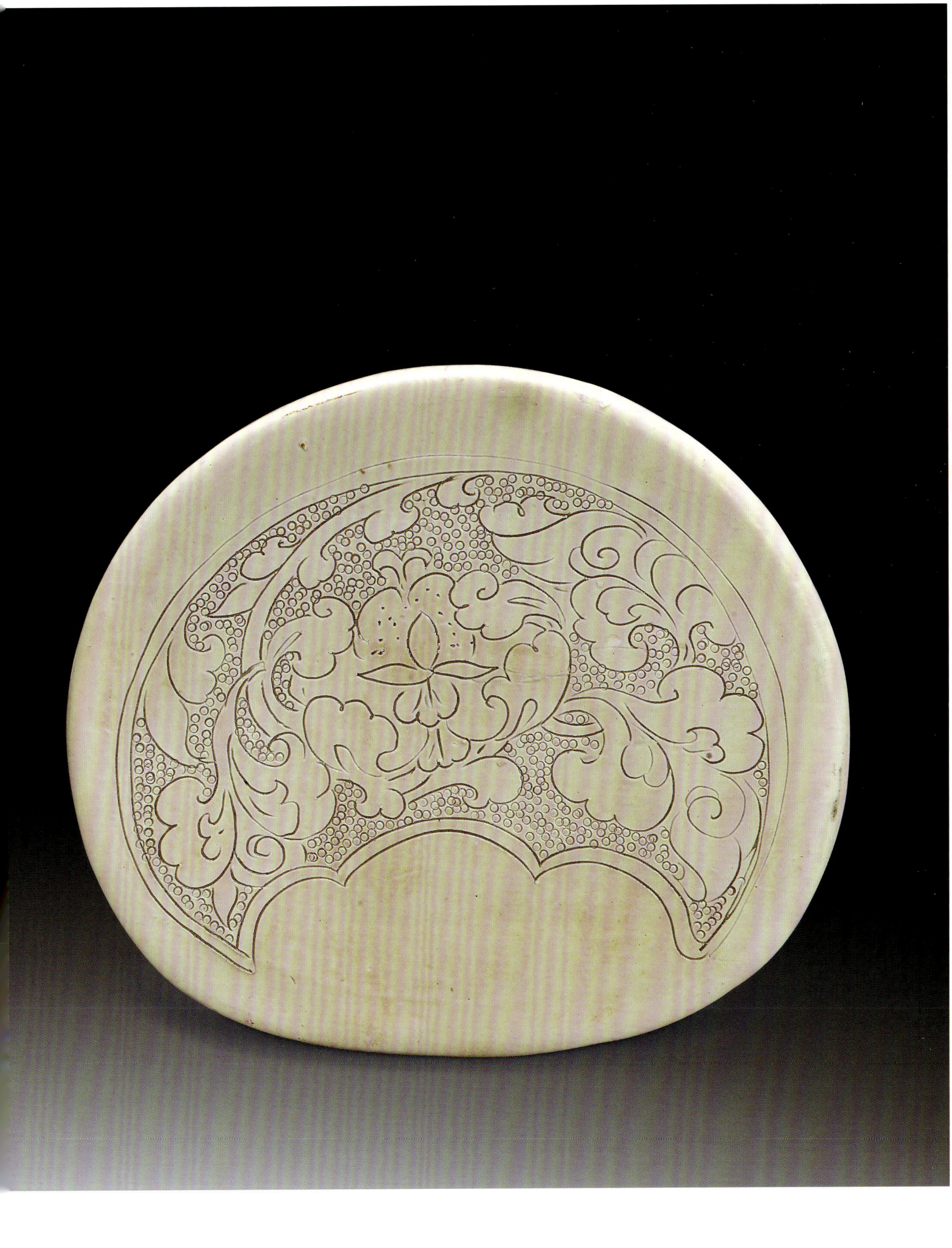

金　三彩剔花卉纹长方形枕

长25.4、宽11.2、高8.9厘米

西汉南越王博物馆藏

145

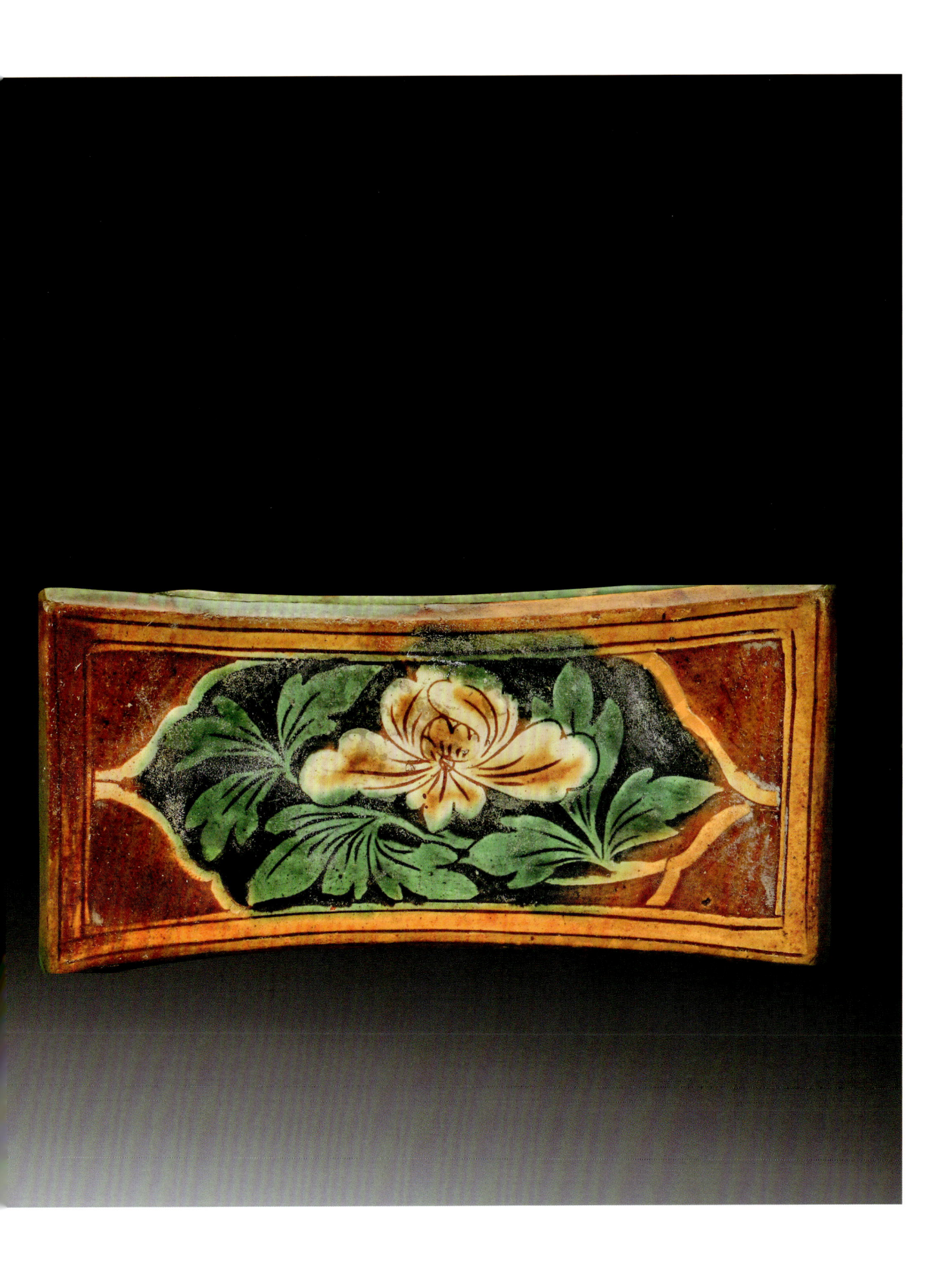

金　三彩剔花黑地诗文六角形枕

长25.6、宽11.8、高8厘米
西汉南越王博物馆藏

故國三千里

浮家二千年

吾兒何處子

雙淚濕君衣

金　绿釉剔花黑地人鱼纹六角形枕

长26、宽11、高7.8厘米

西汉南越王博物馆藏

149

金 三彩剔花黑地婴孩纹异式腰形枕

长26.2、宽11.9、高8.2厘米

西汉南越王博物馆藏

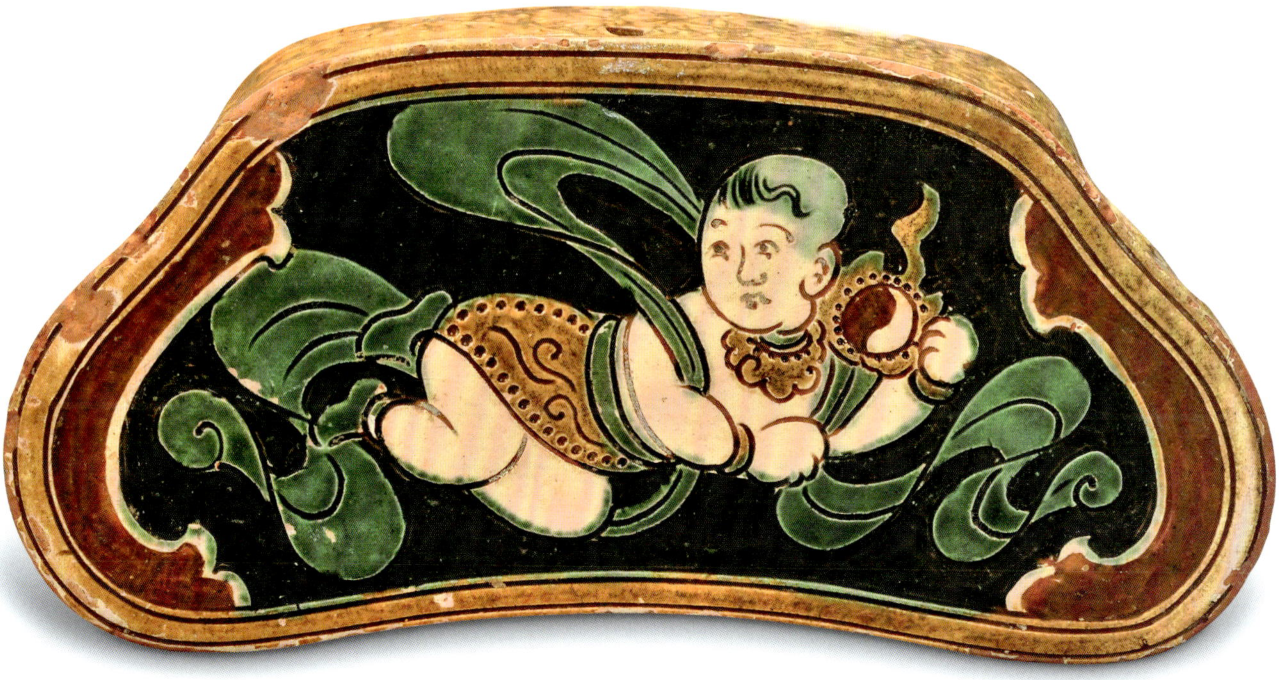

金 三彩剔花黑地婴孩纹异式腰形枕

长27、宽11.5、高8.8厘米

西汉南越王博物馆藏

153

金　三彩剔花黑地虎纹异式腰形枕

长24、宽11、高8.8厘米

西汉南越王博物馆藏

155

金　三彩剔花黑地划波浪鱼纹异式腰形枕

长23.5、宽10、高7.3厘米

西汉南越王博物馆藏

157

金 三彩剔花黑地花鸟纹异式腰形枕

长30、宽16.2、高9.5厘米

西汉南越王博物馆藏

金　三彩剔刻荷花纹六角形枕

长26.5、宽11.8、高9.2厘米

西汉南越王博物馆藏

金　三彩剔花黑地莲花纹异式腰形枕

长23.6、宽11、高7.8厘米

西汉南越王博物馆藏

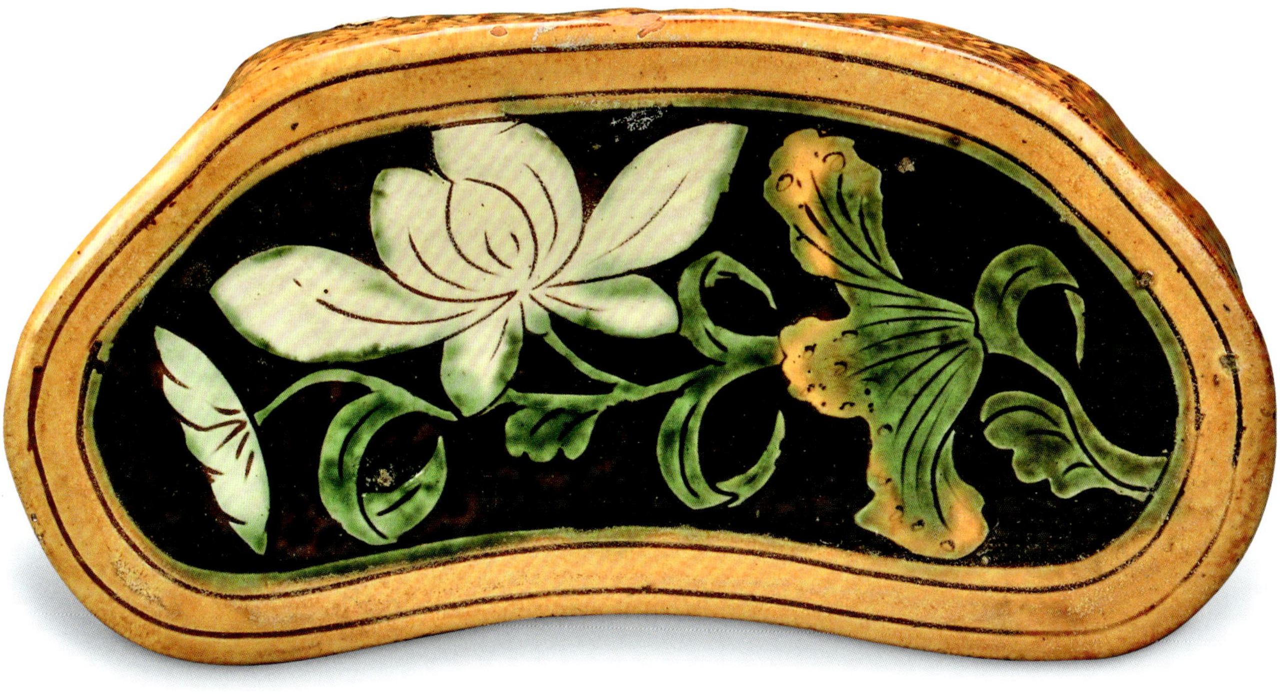

金 三彩剔花黑地荷花纹异式腰形枕

长30.7、宽14、高9厘米

西汉南越王博物馆藏

金 三彩剔花黑地莲花纹六角形枕

长28.5、宽13、高8.5厘米

西汉南越王博物馆藏

金 三彩剔花黑地"福禄封侯"纹异式腰形枕

长28、宽13.2、高8.3厘米

西汉南越王博物馆藏

165

金　白瓷珍珠地划花开光诗文扁圆形枕

长32、宽29.5、高12.7厘米

河津市博物馆藏

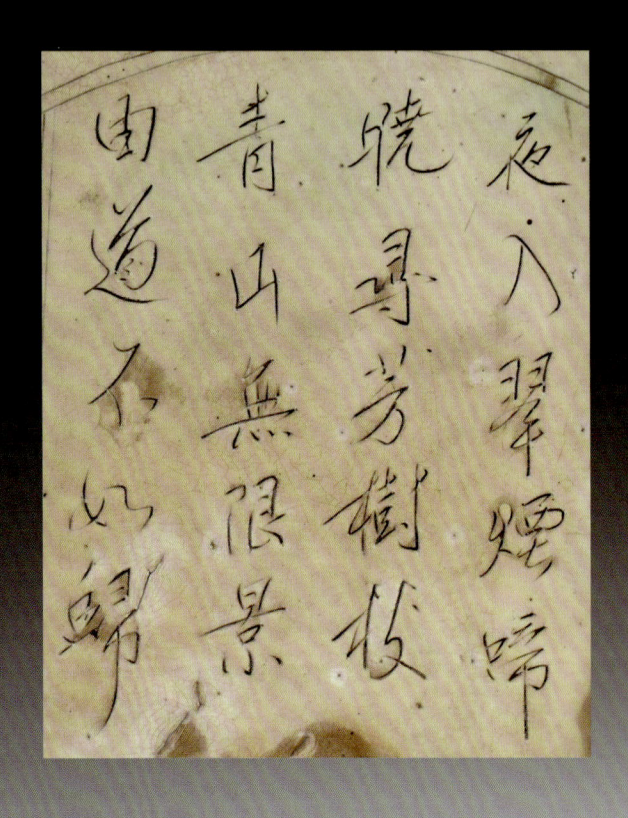

欲入翠煙啼
曉尋芳樹枝
青山無限景
由道不如歸

金　三彩狮子滚绣球图六角形枕

长26.2、宽12.3、高9.3厘米

河津市博物馆藏

169

金　白瓷珍珠地划花卉纹扁圆形枕

长20.6、宽19.2、高8.8厘米

河津市博物馆藏

171

金　白瓷珍珠地划花卉纹扁圆形枕

长21、宽19.9、高8.5厘米

河津市博物馆藏

173

金　白瓷珍珠地划花卉纹扁圆形枕

长24.1、宽22.5、高11.7厘米

河津市博物馆藏

175

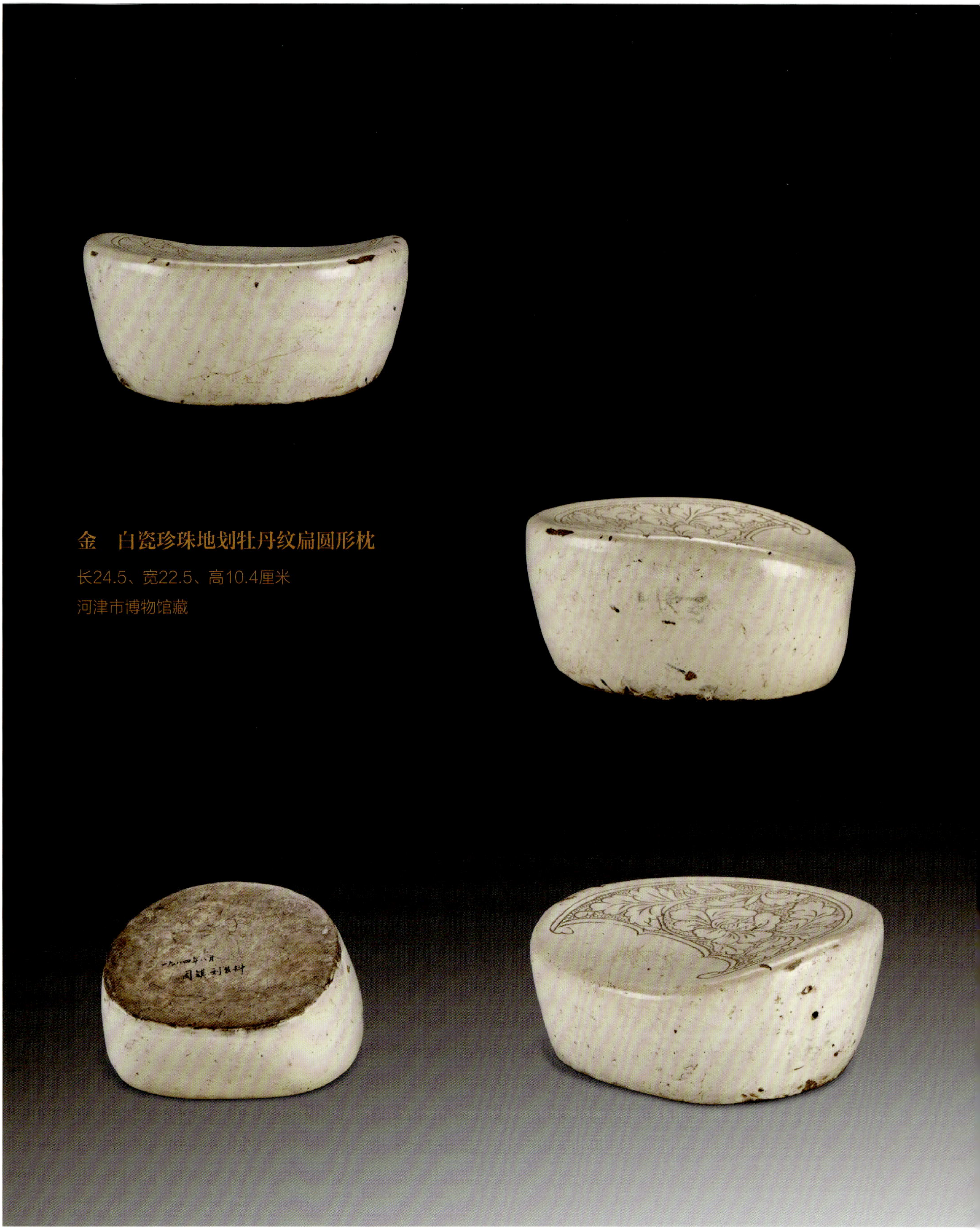

金　白瓷珍珠地划牡丹纹扁圆形枕

长24.5、宽22.5、高10.4厘米

河津市博物馆藏

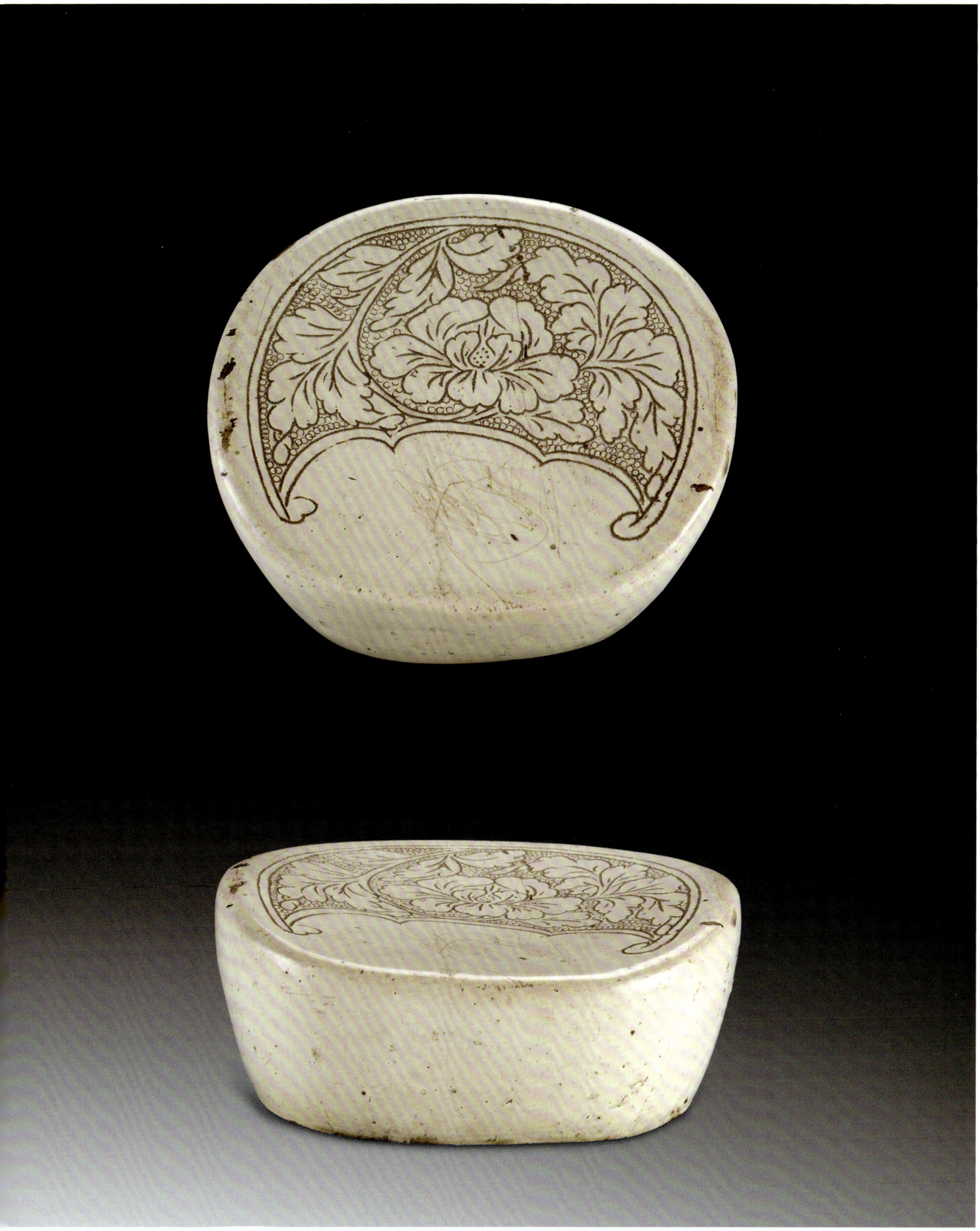

金　白地剔花填黑诗文八角形枕

长43.2、宽18.2、高11.5厘米

河津市博物馆藏

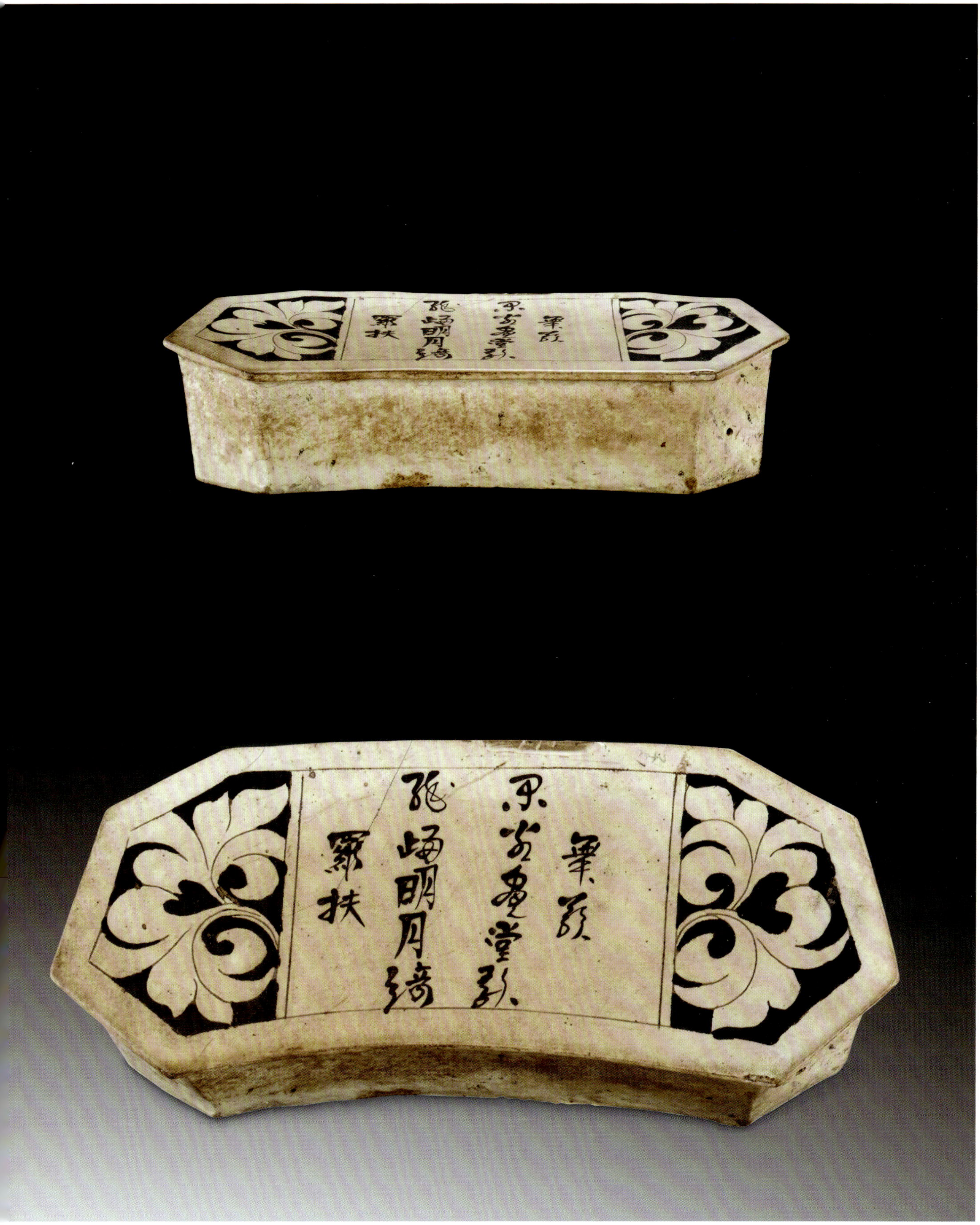

金　黄釉剔划花卉纹元宝形枕

长24、通宽11.1、通高9.2厘米

运城博物馆藏

金　三彩剔花黑地瑞鹿衔草纹异式腰形枕

长31、通宽18、通高9.5厘米

运城博物馆藏

金 三彩剔花黑地婴戏莲纹六角形枕

长24.5、宽12、高8.4厘米

运城博物馆藏

183

金　白地剔花填黑诗文八角形枕

长43、宽20、高11.2厘米

运城博物馆藏

柴门掩石泉
夏日亦河蝉
泠然奏丝竹
袅袅香草裹篆

河津窑磁枕

金　白地剔花童子鞠球纹八角形枕

长42、宽18.5、高11.3厘米

万荣县博物馆藏

金　白地刻划"黄河诗"草叶纹八角形枕

长46、宽21、高12厘米

佳县文化馆藏

金　白地剔花填黑水草荷莲纹八角形枕

长41.8、宽19、高11.8厘米

宝鸡市博物馆藏

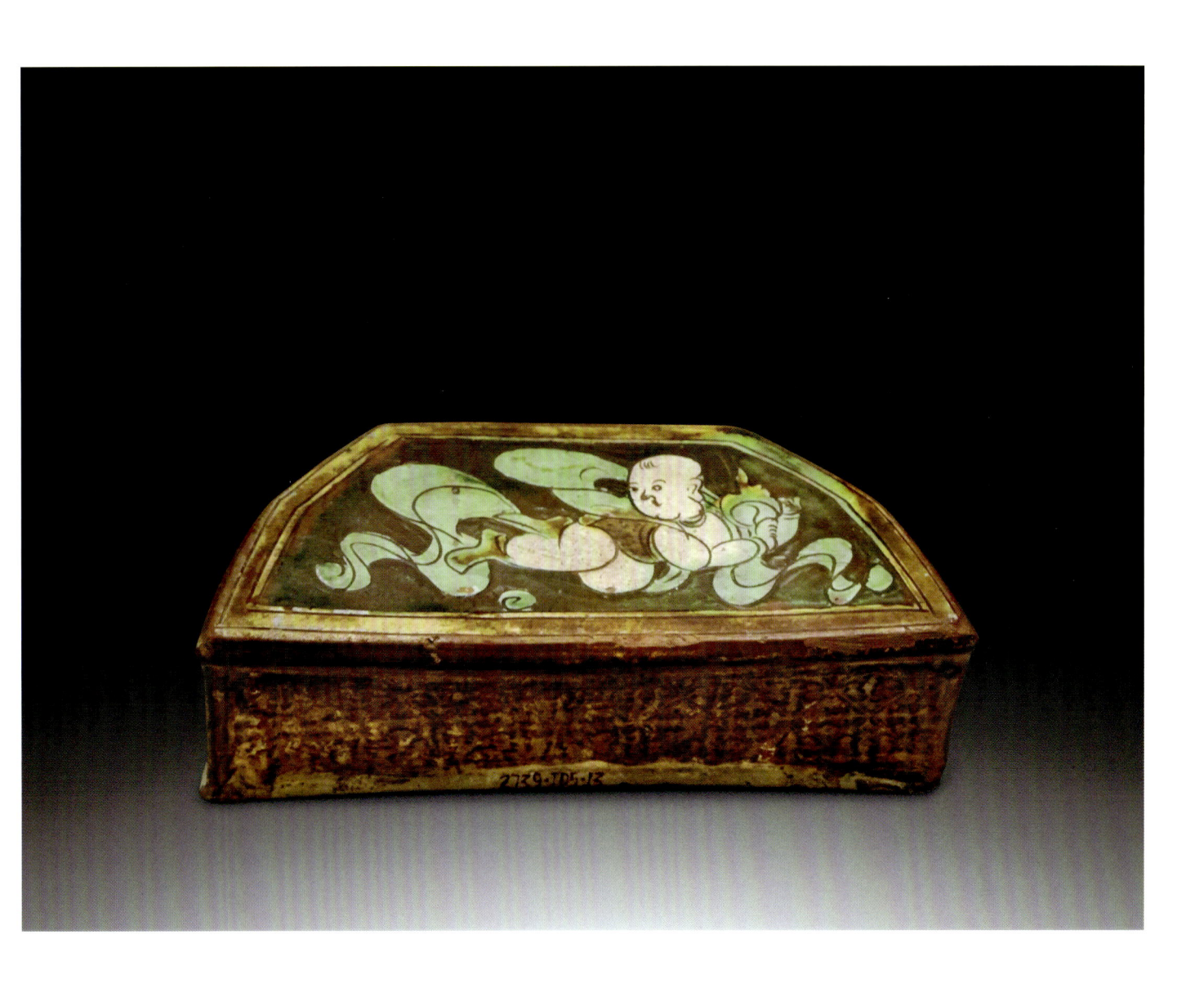

金　三彩剔花黑地婴孩纹六角形枕

长35.2、宽15、高10.4厘米

宝鸡市博物馆藏

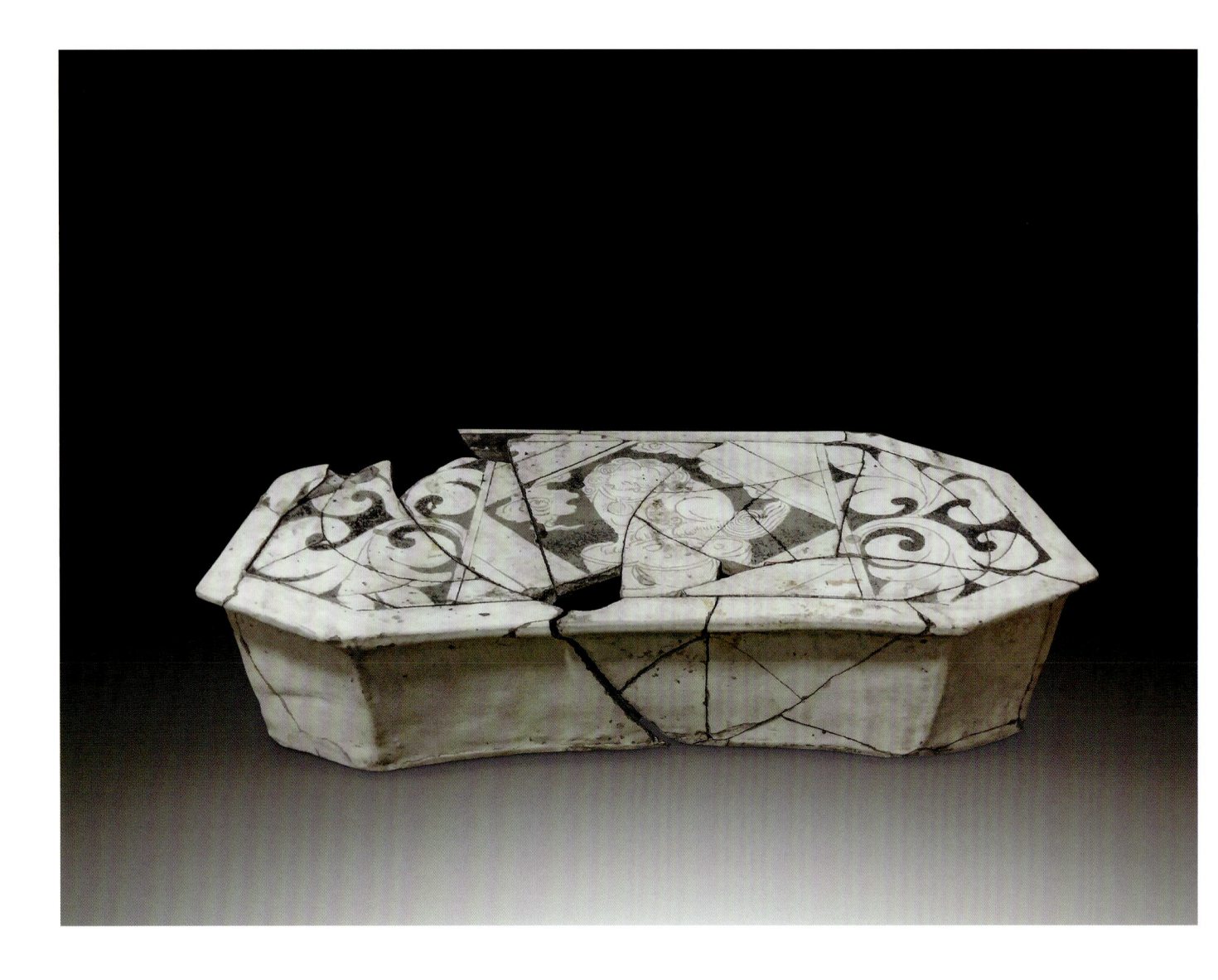

金　白地剔花填黑狮子卧莲纹八角形枕

长48、宽22.2、高11.9厘米

山西省考古研究院侯马工作站藏

金 三彩剔花黑地童子戏莲纹异式腰形枕

长28.5、宽18、高8.5厘米

山西省考古研究院侯马工作站藏

金　白地剔花填黑草叶纹扁圆形枕

长28.5、宽27、高11.5厘米

广东省博物馆藏

金 三彩剔花黑地孔雀牡丹纹异式腰形枕

长30、宽17、高8.8厘米

广东省博物馆藏

金 三彩剔花黑地执荷娃娃纹异式腰形枕
长25.9、宽11.5、高8.7厘米
芮城县博物馆藏

金 白瓷珍珠地划牡丹纹扁圆形枕

长25.5、宽22、高11厘米
山西省文物交流中心藏

金　白瓷珍珠地划花八角形"福德人枕"

长46、宽23、高15.5厘米

郑州大象陶瓷博物馆藏

197

金 白瓷珍珠地划花扁圆形枕

长37.5、宽34、高13.7厘米

郑州大象陶瓷博物馆藏

199

金　白地剔花填黑双孩儿纹八角形枕

长45、宽18.2、高12.5厘米

郑州大象陶瓷博物馆藏

201

金　白瓷珍珠地划牡丹纹八角形枕

长34.5、宽19.5、高11.5厘米

闻喜县博物馆藏

后　记

　　2016年，我们与山西省考古研究所联合在我市樊村镇固镇村抢救性发掘了河津固镇宋金瓷窑址，分别在村西遮马峪河沿岸的上八庙、下八庙、北涧疙瘩三个地块，清理发掘制瓷作坊4座、瓷窑炉4座、水井1处、窑炉残渣和废品堆积坑35个，出土完整及可复原瓷器数千件，瓷片、窑具标本达6吨之多，填补了山西无相关制瓷遗迹的空白，同时也为存世的一批宋金时代瓷枕找到了原产地。该项目于次年获评"2016年度全国十大考古新发现"。

　　为了做好河津固镇宋金瓷窑的后继研究工作，山西省考古研究所修复完成300多件文物标本，发表了发掘报告和多篇研究论文。同时，我们邀请中国古陶瓷学会的各位专家、学者参与河津固镇宋金瓷窑的研究，编辑出版了《河津窑研究》论文集，收录了相关学术论文22篇，并于2019年10月在河津召开了"中国古陶瓷学会年会暨河津窑与宋元窑业技术交流研讨会"。大家对河津窑和山西地区乃至北方制瓷历史及产品烧造情况有了新的认识，进一步确定了河津窑的历史地位，也为国内外馆藏的部分瓷枕找到"根"。例如，藏于美国旧金山亚洲艺术博物馆、日本静嘉堂文库、故宫博物院、西汉南越王博物馆及我市周边市县博物馆的八角形剔花填黑瓷枕、腰圆形珍珠地划花瓷枕等，都具有河津窑独有的特征。中国社会科学院考古研究所所长王巍说："河津固镇宋金窑址的发现比较重大，国内外许多产品的产地找到了。"

　　为了做好河津固镇宋金瓷窑发掘成果展示工作，河津市委和市政府高度重视，确定了"瓷耀龙门，陶冶三晋"的文化品牌。我们在市区的九龙公园西北角设立永久性的"瓷苑"景区，举办"河津固镇宋金瓷窑专题展"，展出了河津固镇窑瓷片修复器和河津博物馆馆藏宋金瓷器311件（其中河津窑瓷枕9件），异地搬迁展示宋代制瓷窑炉一座，至此"河津窑"这一文化名片基本叫响。

　　为了做好河津固镇宋金瓷窑的宣传工作，在上述发掘、研究的基础上，我们拟编撰《河津窑磁枕》一书，进一步巩固河津窑的历史地位，扩大河津影响。对此特邀山西省博物院研究馆员、中国古陶瓷学会副会长孟耀虎为主编，收录了国内外博物馆和相关文博研究机构所收藏的河津窑瓷枕共计86件。该书得到了山西省考古研究院院长王晓毅、西汉南越王博物馆馆长吴凌云的大力支持；中国古陶瓷学会会长孙新民为该书作序，贾尧、何东红、高振华、张玉文等先生为该书撰文，在此一并表示衷心感谢！

特别要感谢的是时任河津市委书记鞠振、市长何伟，他们多次过问编写工作，亲自安排相关事宜，为河津的文化遗产保护和文化强市工作留下了浓墨重彩的一笔。

该书的编辑出版由于受时间、空间的限制，加之编者的知识局限，疏漏在所难免，敬请各位读者提出宝贵意见！

河津市文物保护服务中心主任
（原河津市文物局局长）　张金龙
2020年5月25日